Jan Hus' Weg
UND DER BÖHMISCHE KELCH

Auf den Spuren des böhmischen Reformators

Alle Rechte vorbehalten.

Herausgeber: Comenius-Buchhandlung GmbH
Comeniusstraße 2, 02747 Herrnhut
www.comenius-buchhandlung.de
Autor: Margit Lessing

Gestaltung und Druck:
Gustav Winter Druckerei und Verlagsgesellschaft mbH
ISBN 978-3-9814838-9-5
© 2015 Comenius-Buchhandlung GmbH, Herrnhut

Bildnachweise:
Zeichnungen, Titelaquarell und Fotos: Margit Lessing

Hus-Darstellung in der Konstanzer Konzilschronik –
mit freundlicher Reproduktionsgenehmigung
des Rosgartenmuseums Konstanz, Bildurheber

Der Hussitenprediger – mit freundlicher Genehmigung
der Staatlichen Museen zu Berlin,
Nationalgalerie Berlin, Fotograf Walter Klein

Dank

Das Buch entstand in regem Gedankenaustausch mit Freunden
aus Berlin, Bernau, Český Brod, Herrnhut, Königsfeld, Kreuzlingen, Neudietendorf,
Neugnadenfeld, Neumarkt, Niesky, Osnabrück und Prag,
denen ich herzlich danken möchte für gemeinsame Pilgerwanderungen,
Führungen, Theater- und Mittelaltermarktbesuche, für Gastquartier, Buchsendungen,
Übersetzungen, Gespräche, Tipps, Korrekturen lesen und Lektorat und ebenso
meiner Familie, die »Mamas Mittelalterfimmel« milde mittrug.

Inhaltsverzeichnis

Spurensuche in der Gegenwart

Eine Zeitreise ins Mittelalter – in das Jahr 1414

Das Schulreferat

Spurensuche in der Gegenwart

Treffpunkt beim König im böhmischen Dorf

Erwartungsvoll hockt Max auf der Banklehne. Fünf vor acht und keine Menschenseele von Tom. Sie wollten zusammen zum U-Bahnhof Karl-Marx-Straße laufen. Zwei gurrende Großstadttauben picken an den Überresten eines Döners. Ein Hundebesitzer schlurft müde über den leeren Platz und zieht seinen Terrier mürrisch weiter, der gerade wieder sein Revier markieren will: »Nicht hier am König, Akira, sei ein anständiger Hund!« Max schmunzelt und betrachtet die Statue: ein Bronzemann mit ausgebreiteten Armen, Dreispitzhut und Degen am Bund. »Wo die Bürgermeister überall Denkmäler hinstellen!«, denkt er verwundert und lässt seinen Blick schweifen. Ziemlich nostalgisch die Gegend und so ruhig, fast wie früher, als es vor den Toren Berlins nur Dörfer gab. Efeuranken wuchern über Bretterzäune, der Flieder blüht. An einem der niedrigen Häuser hängt ein Relief, das aussieht wie ein großes Weinglas. Vielleicht ein Gasthof, in den der König damals eingekehrt war?

Als ein Hahn kräht, zuckt Max erschrocken zusammen. Echt Dorf! Wie spät? Von Tom keine Spur. Er betrachtet die braunen Tafeln am Sockel und liest die Inschrift: »Wilhelm I. – Rixdorf anno 1737 – Die dankbaren Nachfahren der böhmischen Einwanderer ...«, bis er endlich Toms Stimme hört.

»Da bist du ja. Los, komm, beeil dich, Tom!«, ruft Max. »Sonst fährt der Geschmann ohne uns!«

»Wäre mir sogar lieber. Ich hab gar keine Lust auf die Exkursion in ein Kunstmuseum. So was Langweiliges!«, mault Tom und trottet seinem Freund hinterher über das alte Kopfsteinpflaster, vorbei an den alten Scheunen und Gartenzäunen. »Lauter alte Schinken.«

»Klassiker, meinst du wohl«, entgegnet Max.

»Ich hab für die Tour zum Olympiastadion gestimmt. Da gibt es klasse Sachen zu sehen.«

»Komm, Kultur schadet nichts. Auf der Museumsinsel fliegt sie auf dich zu wie ein Schuss von Götze.«

»Und am Ende müssen wir wieder ein Referat schreiben. Nee, danke.«

»Kannst ja einen Salto machen, wenn du es geschafft hast!«

Am Ende der kleinen Gasse biegen sie ab in den Fußgängerweg, der zur Hauptstraße führt und landen unversehens in einem Gewirr von Erdhügeln, Gräben und Absperrgittern.

»Die bauen ja immer noch! Wollen die das ganze Dorf umbuddeln?«, meint Tom.

»Nein, neu gestalten und begrünen. Der Kiez soll schöner werden.«, entgegnet Max.

»Kennste doch, janz Berlin bleibt eene eenzje Baustelle. Und wie heißt die Schotterpiste?«

»Weiß ich nicht. Früher stand hier mal ein Straßenschild.«

»Guck mal, abgerissen, hingeschmissen. Da hinten an der besprühten Mauer liegt der alte Pfosten. Ganz verstaubt und grau die Pappe.«

»Blech! Kannst du die Buchstaben erkennen?«

»Jan-Hus-Weg.«

»Jan-Hus-Weg. Ja, kann sein, dass der Weg so hieß.«

»Hat der was mit hier zu tun? Ich guck mal!«

Flink zwängt sich Tom durch eine Bauzaunlücke und springt über den Sandberg.

»Mensch, komm schon. Die anderen warten!«, ruft Max angespannt.

Tom bückt sich und versucht, die Erklärung auf dem kleinen Schildchen zu entziffern:

»Römischer Transformator – ?? – Quatsch, nee – Böhmischer Reformator – geboren um 1370 – gestorben 1415 – Wer soll das sein?«, überlegt Tom. »Einer, der aus Böhmen stammt«, versucht Max zu erklären, »und was Altes verändert hat.«

»Was?«

»Vielleicht Denkweisen oder Lebensverhältnisse?«

»Verändern? Schotterpfad und Bauruine!«, schimpft Tom. »Nichts wird sich ändern. Guck doch heute! Die Spekulanten und Großkonzerne, die raffen und können den Hals nicht voll kriegen. Die Natur wird zerstört, die Arbeitsplätze gehen flöten, ohne Rücksicht. Und die da oben bauen mit den abgeschröpften Gewinnen ihre Luxusschlösser und Glaspaläste und ...«

»Sag jetzt nicht Flughäfen!«, lacht Max.

»Ja, die auch. Und wer bleibt auf der Strecke? Der kleine Mann! Der zahlt! Das wird so lange bleiben, wie es die Menschen gibt, sagt mein Vater immer.«

»Hoffnungslos!«, meint Max.

»Schon wieder zu spät!«, ruft ihr Klassenlehrer, als er die beiden auf der U-Bahntreppe erblickt. »Man soll die Hoffnung nie aufgeben. Besser zu spät als gar...« Der tosende Lärm der einfahrenden U-Bahn übertönt Geschmanns Worte.

»Einsteigen ...!«

Fundort Nationalgalerie

Die Siebente fährt bis zum Alexanderplatz und erreicht nach kurzem Fußmarsch den Lustgarten hinter der Spreebrücke und die Alte Nationalgalerie.

Im Sims über den mächtigen Säulen glänzen goldene Buchstaben: »Der Deutschen Kunst«. Viele Besucher warten vor der Museumstür.

»Nee!«, stöhnt Tom, »Jetzt müssen wir auch noch Schlange stehen.«

»Aufgepasst, meine Lieben!«, ruft Lehrer Geschmann. »Wie lautet unsere Aufgabe?«

»Wir sollen leise sein«, sagt Marie, »Smartphones ausstellen.«

»Das sowieso.«, bestätigt Lehrer Geschmann.

»Eines, von den vielen Bildern, sollen wir uns aussuchen«, erinnert sich Emmi.

»Und?«, fragt Lehrer Geschmann.

»Genau gucken«, ergänzt Sadik. »Alle Details betrachten, Gedanken, Stimmung und Gefühl beschreiben. Und wir sollen etwas über seine Geschichte rauskriegen.«

»Recherchieren, genau! Wir treffen uns pünktlich wieder, sagen wir in zwei Stunden in der Cafeteria. Nun ab mit euch!« verabschiedet Lehrer Geschmann seine Schüler.

Mit der Gruppenkarte, die Lehrer Geschmann vorab besorgt hatte, kommen sie schnell an der Warteschlange vorbei und stehen nun staunend in der großen Eingangshalle. Eine majestätisch breite Treppe aus weißem Marmor führt ins lichtdurchflutete obere Stockwerk. In Kleingruppen verteilen sich die Schüler in die verschiedenen Ausstellungsräume. Zu Tom und Max gesellen sich Marie, Emmi und Sadik und zusammen erklimmen sie die mit einem roten Teppich ausgelegten Stufen.

»Guck doch mal! Der sieht ja aus, als hätte der gerade einen Pokal gewonnen!«, ruft Tom begeistert, als er auf dem oberen Treppenabsatz das erste kolossale Gemälde erblickt.

»Du mit deinem Fußballfieber. Schau mal genau«, entgegnet Max, »dann siehst du, was die für Klamotten tragen.«

»Pures Mittelalter«, erklärt Marie, »wie auf dem Mittelaltermarkt. Ich war mal in der Zitadelle. Da gab es Ritterspiele, aber keinen Fußball. Und was du für einen Pokal hältst, ist ein Kelch. Daraus trinkt man.«

»Der muss ziemlich wertvoll sein mit den vielen Klunkern«, meint Sadik beeindruckt.

»Du meinst Edelsteine!«, verbessert Marie. »Geschmann hat in Kunst mal gesagt, das Hauptmotiv soll im Bildmittelpunkt stehen.«

»Also der Kelch?«, fragt Emmi. »Sicher! Ob der Mann ihn gestohlen hat?«, Tom runzelt seine Stirn.

»Dann würde er die Beute den anderen nicht offen zeigen!«, vermutet Max. »Die verehren ihn.«

»Nein, irgendwie gucken die Leute alle sehr nachdenklich«, findet Marie.

»Ob der ihr Anführer ist?« fragt Sadik, »sein Blick ist so merkwürdig.«

Emmi betrachtet das weiße Gewand, das wilde Haar und den Bart des jungen Mannes und die Leute, die um ihn herum stehen und mutmaßt: »Vielleicht ist es ein Messias mit seinen Jüngern?«

»In Ritterrüstung, mit Schwertern und Keulen? Und einer brennenden Klosterruine? Nein, Emmi!«, hält Marie dagegen. »Lese doch mal, was auf der Tafel steht!« und Emmi reckt ihren Kopf: »Die Hussitenpredigt. Ein Historiengemälde von Carl Theodor Lessing, gemalt 1836.«

«Der war Dichter und hat was über Aufklärung und Religionen geschrieben«, erklärt Tom.

»Nein, der hieß Gotthold Ephraim«, berichtigt Max.

»Streber!«, mault Tom ein wenig beleidigt.

»Streitet doch nicht!«, ruft Marie schlichtend dazwischen.

»Ich habe noch nie eine Hussitenpredigt gehört«, meint Emmi, »eher eine Moralpredigt von Papa, wenn ich mal wieder etwas vergessen habe!«

»Moment einmal«, erinnert sich Marie, »ich habe letztens etwas über ein Hussitenfest gelesen. In der Zeitung im Veranstaltungsteil stand: ein großes mittelalterliches Spektakel mit Festumzug und Schaukämpfen und allem Drum und Dran.«

»Und wo und wann?«, fragt Emmi neugierig und möchte am liebsten sofort dorthinfahren.

»In Bernau«, erklärt Marie. »Die Stadt liegt im Norden von Berlin in Brandenburg und dort findet jedes Jahr am zweiten Juniwochenende das Hussitenfest statt. Nächste Woche! Da könnten wir glatt mit der S-Bahn hinfahren.«

Tom fragt in die Runde, ob sie das Bild für ihre Beschreibung nehmen wollen.

»Klar, hat doch schon jeder kommentiert! Das Thema könnte spannend werden«, meinen auch Max, Sadik, Emmi und Marie.

»Dann gehen wir der Sache mit dem Kelch und dem Hussitenprediger auf den Grund. Oder wollt ihr euch die anderen Bilder auch angucken? Da oben hängen noch Renoirs und Monets und welche von Spitzweg und Friedrich ….«, fragt Max.

»Nee, stopp, das reicht doch! Wie viel Zeit haben wir für das Referat?«, meint Tom.

»Geschmann sagte zwei Wochen, nur zwei«, meint Marie besorgt und befürchtet, dass der Zeitraum knapp werden würde.

»Das schaffen wir! Let's go!« und sie spornen sich gegenseitig an.

Die fünf freuen sich, dass sie sich schnell einigen konnten und wollen in der Cafeteria auf die anderen Klassenkameraden warten.

»Eine Cola und fünf Strohhalme, bitte!«

»Wir sollten gleich alles aufschreiben, damit wir nichts vergessen. Marie oder Emmi, ihr habt bestimmt eure Kulis dabei?«, fragt Max.

»Ich möchte zuerst im Museumsladen stöbern, da gibt es sicher Poster und Bildbände.«

Im Ausstellungskatalog entdeckt Marie die Seite, auf der die Bilder von Lessing beschrieben sind. Er malte gern Landschaften und große historische Szenen, manche sogar im Auftrag des preußischen Kronprinzen, unter anderem auch zwei Bilder: *Hus vor dem Konzil* und *Hus vor dem Scheiterhaufen.*

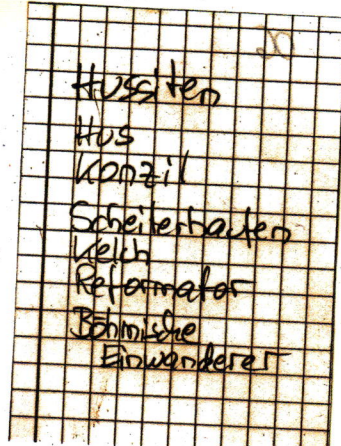

Haben die Begriffe etwas gemeinsam? Das wäre ja ein cooler Zufall.

Max und Tom erzählen Emmi, Marie und Sadik von ihrer Entdeckung auf dem Schulweg und verabreden sich für den darauf folgenden Nachmittag, denn Tom will ungern auf sein heutiges Fußballtraining verzichten und dafür haben die anderen volles Verständnis.

»Dann überlegen wir morgen, wer was und wo und wie recherchiert und schreibt«, schlägt Sadik vor und fragt nach der Uhrzeit. »Um vier Uhr beim König!«, sagt Tom lachend, »dass wird langsam zur Gewohnheit!«

Lehrer Geschmann freut sich ebenso, als er die Berichte und Zwischenergebnisse seiner Schüler hört: »Seht ihr, wenn ihr gezielt, mit offenem Blick und obendrein gemeinsam eine Sache angeht, werdet ihr mannigfache Möglichkeiten entdecken und der Wahrheit, dem Kern der Sache näher rücken. Mein heutiges Unterrichtsziel habe ich erreicht – dank eurer Bereitschaft, versteht sich.«

»Ich hab schon mal gegoogelt«, ruft Emmi, als sie am nächsten Tag ihre Arbeitsgruppe am Denkmal trifft, »das kann eine ziemlich lange Story werden.«

»Nee, bloß nicht«, seufzt Tom. »Und außerdem, ausdrucken kann ja jeder.«

»Dann sag mir mal, was ein Scheiterhaufen ist!«, fragt Emmi gespannt.

»Natürlich ein Lagerfeuer!«, hält Tom dagegen.

»Dösbattel, eine Hinrichtungsart im Mittelalter, Tod durch Verbrennen, hauptsächlich angewandt bei Personen, die der Hexerei und Ketzerei bezichtigt wurden«, erzählt Emmi.

Verblüfft fragt Tom, ob das etwas mit dem Hussitenprediger zu tun hat.

»Wer weiß!«, meinen auch die anderen und würden gern das Bild noch einmal sehen.

»Und dann?« Ziemlich ratlos fragen sich die fünf, wie sie nun am besten anfangen könnten.

»Fühlen. Denken. Wissen!« meint Max.

»Hä?«, stutzen die anderen. »Was meinst du denn jetzt damit?«

»Na, suchen und was erleben ...«, erklärt Max, »... und Leute fragen.«

»Was wollen wir von denen wissen?«

»Na ja .... Marie, Emmi, ihr habt die Stichpunkte doch aufgeschrieben, oder?«, fragt Max. »Wir klingeln einfach an dem Haus mit dem Kelch und fragen, ob die Bewohner was über den Kelch wissen. Traust du dich, Emmi?«

Emmi drückt auf einen Klingelknopf.

Eine ältere Dame öffnet die Tür und erzählt, dass dies Haus einst ein Schul- und Gebetshaus war und keineswegs eine Gastwirtschaft, der Kelch am Giebel das Zeichen der ersten Protestanten in Böhmen und Mähren sei, von denen viele als Exulanten nach Sachsen und Preußen kamen und hier in Rixdorf, das damals noch weit vor den Toren Berlins lag, eine neue Heimat fanden. Sie erzählt vom König, der ihnen Startkapital schenkte und ein neues Gesetz erließ, dass jeder nach seiner Fasson selig werden sollte; dass es drei böhmische Gemeinden gibt und die Nachkommen zur Kaiserzeit als Dankeschön dies Denkmal errichteten und dass seit fast 300 Jahren Leute aus aller Herren Länder hierher ziehen. Aber ein Herr Hus sei ihr unbekannt. »Schade«, sagte sie noch, »das Museum nebenan hat heute geschlossen, aber warum fragt ihr nicht einfach euren Lehrer?«

»Unser Lehrer schickt uns ja!« lachen die Kinder und verabschieden sich dankend.

»Was ist ein Exulant?« will Tom noch wissen. »Das war ein Glaubensflüchtling, einer, der aus seiner Heimat geflohen ist, weil er wegen seines Glaubens unterdrückt und verfolgt wurde.«, erklärt die ältere Dame.

Sadik senkt traurig seinen Kopf: »Meine Familie musste auch aus der alten Heimat fliehen, weil das Regime Andersgläubige nicht mehr geachtet hat. Das war eine schlimme Zeit für meine Eltern. Und wenn du Nachrichten guckst, dann siehst du jeden Tag Bilder von Terror und Krieg und Vertreibung. Man darf doch keinem Menschen Gewalt antun, nur weil der eine andere Meinung vom Glauben hat.«

»Und wie geht es deinen Eltern jetzt?« Sadik erzählt ...

»Puh, schwerer Stoff«, meint Emmi nachdenklich und tritt verlegen auf der Stelle. »Das hab ich noch nie so betrachtet. Die Menschen würden sicher besser miteinander auskommen, wenn sie nicht nur gucken, was sie voneinander trennt, sondern gucken, was sie verbindet.«

»Machen wir weiter?«, fragt Tom.

»Ich muss erst mal verdauen!«, presst Emmi hervor.

»Ist schon okay«, beruhigt sie Sadik, »Ich bin froh, dass ich darüber mit euch sprechen kann.«

»Passt Toleranz und Gewaltfreiheit auch zu unseren Stichpunkten?« fragt Max und guckt sich die Liste an, die Marie aus ihrem Rucksack zieht.

»Wir stimmen ab, wer sich das Museum anschaut, wenn es geöffnet hat, oder wer einen der Pfarrer interviewt. Fällt euch noch etwas ein?«, fragt Tom.

»Ich gehe in die Bücherei«, sagt Marie, »das mache ich zu gerne, ich muss sowieso in diese Richtung. Treffen wir uns Samstag in Bernau? Mit der S-Bahn geht's am schnellsten. Bis dann!«

»Wir gucken uns hier noch ein bisschen um. Tschüss, Marie, bis Samstag bei den Hussiten!«

Ausflug zum Hussitenfest

Emmi, Sadik und Max stehen dicht gedrängt am Bahnsteig. Viele Leute drängen zum Ausgang, einige tragen Helme und Kappen, Leinentücher und lange Gewänder. »Wenn wir denen folgen, gelangen wir sicher zum Festplatz. Aber wo sind Tom und Marie schon wieder?«

Sie entdecken die beiden vor einem großen Infoplakat:
Einladung zu einer Zeitreise ins Mittelalter.

»Die Aktion machen wir mit!«, ruft Tom begeistert.

»Denkt dran, wir suchen Input für Geschmanns Referat!«, mahnt Max.

»Na ja, gerade drum!«, meint Marie und fordert die anderen auf, endlich loszumarschieren.

Im Stadtpark vor der mächtigen Bernauer Stadtmauer wimmelt es von einer illustren Menschenschar, die über den mittelalterlichen Jahrmarkt flaniert oder ihre Waren anpreist, arbeitet und feiert.

Händlerinnen in bodenlangen Kleidern werben für ihre selbstgemachten Seifen und Essenzen, verkaufen Zierrat, Holzspielzeug und wollene Stoffe. In Kittel und Lederschürzen gekleidete Korbflechter und Taschner zeigen ihr handwerkliches Geschick. Mädchen mit bunten Kränzen im Haar hüpfen vergnügt durch ein Gewirr von Fahnenmasten. Hinter den Marketendern stapeln sich Kupfertöpfe,

volle Tröge und schwere Truhen. Es wird getanzt, gesungen und gezecht. Rührend steht ein Gerber über ätzend stinkendem Färbersud, frischgebackenes Speckbrot dampft und duftet. Ein Spielmannstrio lässt seine Dudelsäcke fröhlich pfeifen und fordert von den Gästen Jubel und Händeklappern und ein paar Silberlinge für ihre ach so leeren Beutel.

Die Kinder staunen noch mehr, als hinter den Zelten des Heerlagers kampflustige Ritter in Kettenhemden und eisernen Rüstungen aufmarschieren und ihre Wehrkunst mit klirrenden Schwertern und Abwehrschilden demonstrieren. Mann gegen Mann. Tom, Max und Sadik schlüpfen durch die Menge und drängen sich ganz nach vorn bis zum Absperrseil. Vor ihnen schwenkt ein Bannerträger eine Fahne mit einem Kelch auf schwarzem Grund. Das gleiche Zeichen wie auf seiner Brust.

»Seid ihr die Hussiten?«, fragt Max neugierig.

»Jawohl!«, ruft einer der Männer lachend und zieht seinen Helm etwas nach hinten. »Aber nicht die echten! Ihr könnt uns nachher beim Festumzug sehen. Wir spielen die Geschichte von damals nach, als die hussitischen Kämpfer unter Prokop unser Bernau angreifen wollten. Ich kann euch Petr und seine Kumpane vorstellen, die sind ein bisschen echter.«

»Dobrý den!«, grüßt Petr lachend.

»Unsere tschechischen Freunde sind extra aus Tábor gekommen als Verstärkung. Tábor war die Hochburg der Hussiten unter Žižka, damals am Anfang ihres Kampfes, als der Papst einen Kreuzzug gegen das ketzerische Böhmen verkündete …«

Den Jungs erscheint die Geschichte immer verzwickter.

»Wir wollen gern wissen, ob die Hussiten etwas mit Jan Hus zu tun haben.«

»Ja doch, die Hussiten waren seine Anhänger. Ihr Markenzeichen war der Kelch. Den Abendmahlskelch, den Hus für alle Gläubigen gefordert hatte, schrieben sie als Symbol der Freiheit auf ihre Fahnen. Die radikalen Hussiten rebellierten gegen die herrschenden Unterdrücker und kämpften mit den besten Waffen, die es damals gab. Die Schlagkraft ihrer Armbrüste war enorm und durch die Wagenburgen kam keiner von den Römischen, so blieben sie lange Zeit unschlagbar.«

»Waren alle Hussiten Krieger?«, wollte Max wissen.

»Nein, es gab natürlich wie überall mehrere Parteien. Die gemäßigten Verteidiger von Hussens Forderungen nannten sich Utraquisten und verhandelten mit den Katholischen über Reformen und die Kelchfrage und wieder andere zogen sich völlig zurück in die Berge

und lebten in kleinen Kommunen, damals in den unruhigen Jahren nach dem heimtückischen Verrat auf dem Konzil. – Jungs, ich würd euch ja raten, im Steintor das Hussitenmuseum anzugucken. Da gibt es eine Menge Informationen und der Museumsdirektor kann wunderbar erzählen. Aber soviel ich weiß, steckt der heute auch in einer Rüstung. Vielleicht habt ihr auf unserer Zeitreise ins Mittelalter noch ein gutes Schlüsselerlebnis. Kopf hoch, Männer! Ich muss weiter.«

»Sind wir schlauer?«, Tom blickt suchend in die Menge: »Wo sind die Mädels?«

»So, wie ich Marie inzwischen kenne, ist sie bestimmt wieder bei den Büchern. Am Steintor steht ein Buchdrucker mit seiner Presse.«

»Wo?«

»Am Tor, größer geht's nicht! Neben der Rauchfahne vom Schmied!«

»Hey, da seid ihr ja! Gibt es was Neues?«

»Marie«, fragt Max neckend, »wie viele Bücher hast du in der Zwischenzeit gelesen?«

»In der kurzen Zeit? Du übertreibst. Der Buchdrucker hat uns erzählt, dass es vor dem Jahr 1450 nur handgeschriebene Bücher gab, aber das mit Gutenberg wusste ich schon. Kommt mal mit, nebenan hab ich was Heißes entdeckt. Guckt euch das rote Eisenstück in der Glut genau an. Ein Schlüssel mit Bart. Wenn der heiß genug ist, wird er weiter bearbeitet. Jetzt!«. Der Schmied formt mit gekonnten Drehungen und festen Hammerschlägen am Ende des Stiftes einen Griff.

»Sieht der nicht irgendwie aus wie ein halber Kelch? Den möchte ich haben«, schwärmt Marie und fragt nach dem Preis. »Heute bekommst du das Schmuckstück für drei Taler. Ich nehme auch drei Taler in heutiger Währung!«

»Einverstanden.« Marie strahlt.

Max steht mitten im Qualm: »Ist das unser Schlüsselerlebnis?«

»Einen Moment noch, kleines Fräulein«, sagt der Schmied, während er den Schlüssel mit der Zange greift und in eine Wasserschale plumpsen lässt, »abkühlen und aushärten.«

Blubberblasen brodeln, sofort köchelt das Wasser wie ein Topf Suppe über dem Feuer.

Augenblicklich verspürt Sadik riesigen Heißhunger: »Gibt es auf diesem Markt auch Hamburger?«

»Hier doch nicht!« belehrt ihn Tom, »aber Brötchen!«

Am Marktstand des Cafés »Zum Hussiten« reihen sie sich in die Warteschlange. »Fünf Brötchen, bitte!«

»Ihr hungrigen Mäuler meint sicher Fladenbrote! Einen Moment, bitte!« sagt die Bäckerin und zieht ein heißes Blech aus dem Backofen. An der Rückwand des Zeltes hängen Bilder von einem Mann in einem Flammenmeer und eine Landkarte der Hussitenkriegszüge. Da im Moment jedoch der Hunger stärker wiegt als der Wissensdurst, suchen die fünf einen schattigen Picknickplatz und lassen sich unter dem Steintor in einer Nische nieder. Die frischgebackenen Fladen duften köstlich. Sadik zieht einen Apfel aus seiner Tasche, Tom eine Flasche Wasser.

»Guten Appetit!«, ruft ihnen ein vorbeilaufender Hussit freundlich zu, »Dobrou chuť!«

»Was heißt danke?«

»Děkuji!«

»Kann ich den Schlüssel noch einmal sehen?«, fragt Sadik.

»Ich möchte auch!« »Ich auch!« »Ich zuerst!« rufen alle fünf wild fuchtelnd durcheinander.

»Ich will ihn halten!« »Nein, ich!« »Passt doch auf!«

Zeitgleich ergreifen fünf Hände den geschmiedeten Schlüssel …

… und …

… ein mit Leinwand bespannter, geheimnisvoller Bogen stülpt sich über den Ort. Perplex starren Tom, Max, Sadik, Emmi und Marie auf die runde Kuppel, die sich über sie wölbt und flimmert.

»Ist das ein 3D-Film?«, fragt Emmi irritiert, »Oder sind wir mitten in einer anderen Zeit?«

»Psst! Da kommt jemand …«

Eine Zeitreise ins Mittelalter – in das Jahr 1414

Auf Burg Krakovec

»Willkommen daheim auf Burg Krakovec! Dobrý den, Mistr Lefl!«, ruft der Wachposten vor dem großen steinernen Torbogen, als er seinen Herrn Heinrich von Lefl von Lažan auf der langen Holzbrücke erblickt.

»Dobrý den, Ondrej!«, ruft der Reiter. »Da sind wir wieder! Schön, euch zu sehen!«, und er begrüßt seine Frau und die Kinder, die ihm entgegenlaufen. Marek, ein sanfter Haudegen mit dunkler Lockenpracht, das junge Fräulein Mila, anmutig und selbstbewusst, und Vladimíra, das aufgeweckte Nesthäkchen mit Lachgrübchen und brav aufgesteckten Zöpfen.

»Männer!«, ruft er seinen beiden Begleitern zu, »Spannt die Pferde aus und gebt ihnen Wasser! Wir sehen uns gleich im Speisesaal!«

»Martha, Liebes, ich muss euch berichten. Es gibt viele Neuigkeiten.«

»Lieber Heinrich, gönne dir eine kurze Pause. Du hast zwei Tage auf dem Pferderücken gesessen.«

»Die Zusammenkünfte im Kronrat mit König Wenzel waren bei Weitem anstrengender.«

»Seit du Ratsmitglied bist, bist du ständig unterwegs.«

»Dafür leben wir seitdem auch in diesem wunderschönen, weiträumigen Palas. Rings um dich der Böhmerwald, du hast unsere drei Kinder in deiner Obhut, auf die wir stolz sein können, und das Gesinde, das es nicht schlecht bei uns hat.«

»Das ist es nicht, was mich sorgt.«

»Ich weiß, du fürchtest, dass wir in diesen Strudel der Ereignisse mit hineingezogen werden, wenn ich mich, wie viele andere böhmische Adelsherren auch, zu Magister Hus bekenne. Martha, ich habe einen Plan geschmiedet. Ich habe Jan Hus gebeten, unser Gast zu sein.«

»Weshalb? Warum gehst du dies Wagnis ein, du weißt nur zu gut, dass er ein Gebannter ist! Keiner darf ihm Unterkunft, Speis oder Trank bieten …«

»Das möchte ich euch allen genau beim Essen erklären. Ich muss etwas tun, denn in Prag ist die Hölle los. Martha, lass die Tafel heute für alle eindecken!«

Als Herr von Lefl am Kopfende der Tafel seinen Platz einnimmt, verstummt das Gemurmel. Martha, die ihr feines dunkelblaues Gewand angelegt hat, und die Kinder Marek, Mila und Vladimíra sitzen an seiner Seite, daneben reiht sich das Hofpersonal und Gesinde: die beiden Sekretäre, Koch Branco und zwei Gehilfen, die Kammerfrau, Jiří, der Pferdewirt, der Wachmann Ondrej, Thomas, der Rittmeister und die Stalljungen.

»Liebe Krakovecer, gestern habe ich unsere böhmische Hauptstadt verlassen, dort herrscht nach wie vor große Unruhe in allen Bevölkerungsschichten. Die einen fürchten, dass sich aus den Bürgerprotesten eine Rebellion entwickelt, die anderen können den erhofften Umbruch kaum erwarten.

Das Problem ist die Frage, ob die allmächtige Kirche wirklich noch die wahre Kirche Christi ist, weil sie offensichtlich nur noch ihre Macht verwaltet und von den Menschen immer mehr Geld fordert. Im unterdrückten Volk wächst der Mut zum offenen Widerstand.

Jan Hus hat seine Stimme erhoben und gefordert, die Kirche solle sich zurückbesinnen auf ihren eigentlichen Auftrag, die Verkündigung der Frohen Botschaft. Jesus schließlich teilte Brot und Wein mit allen.

Hussens Gegner beschimpfen ihn als Irrlehrer und Ketzer, weil er öffentlich ihre Rechtmäßigkeit anzweifelt und ihren gottlosen Lebenswandel scharf kritisiert, und werfen ihm vor, durch seine Reden Unruhe zu stiften und das Volk gegen sie aufzuhetzen.

Der Papst sprach bereits zweimal den Bann über ihn. Der Erzbischof hat ihn aus dem Amt und aus der Stadt verwiesen. Die Volksseele brodelt, die einen fordern die Rückkehr ihres geliebten Predigers und Universitätsprofessors, die anderen sein In-der-Hölle-Schmoren. Seit zwei Jahren lebt Hus nun schon im Untergrund, im Mo-

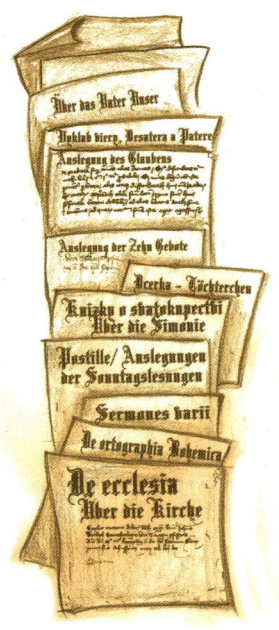

ment wohnt er auf der Ziegenburg, schreibt Bücher und Traktate, sein wichtiges Buch »Die Ecclesia«, mit all seinen Gedanken wie eine Kirche sein sollte, konnte er beenden.

Er übersetzt dort auch für uns Tschechen die Heilige Schrift in unsere Sprache und wandert in entlegene Dörfer, um auf den Feldern dem Landvolk zu predigen. Einige Male kam er heimlich nach Prag, um seine Freunde zu treffen, doch das ist ein gefährlicher Weg. Er ist wirklich ein begnadeter Redner und Prediger des Wortes Gottes – und, das kann ich bestätigen,« sagt Heinrich inmitten seiner Rede, »ich selbst habe den Magister mehrmals in der Bethlehemskapelle predigen gehört, er spricht nicht auf Latein wie alle anderen Priester, er spricht auf Tschechisch in der Sprache des Volkes, seine Lehre verpackt er in geschliffene und bäurisch-derbe Worte, in eindrückliche Gleichnisse und Bilder – das versteht das Volk. Der Magister rüttelt die Leute wach, die Armen ebenso wie die Reichen. Er lehrt, die Wahrheit gemeinsam zu suchen und zu lehren, und wünscht allen Menschen, dass sie miteinander in Frieden, Eintracht und Liebe leben mögen – in Frieden und Eintracht, ja, das wäre ein Glück. Nun hat sich sogar der deutsche König in den Streit gemischt, unseres Königs Halbbruder. Der möchte aus nicht ganz uneigennützigen Gründen, dass es in seinem Nachbarkönigreich wieder friedlicher zugeht. König Sigismund hat zusammen mit einem der drei Päpste ein Konzil einberufen, auf dem er wichtige politische und kirchliche Fragen klären will. Vertreter der Kirche und Repräsentanten der europäischen Länder und Herrscherhäuser sollen sich versammeln, um über die drei dringendsten Probleme der Kirche zu beraten: Erstens wollen sie die Kirchenspaltung beseitigen, denn drei sind zwei Päpste zu viel, zweitens wollen sie Reformen durchsetzen und drittens die böhmische Sache bereinigen.«

»Vater, was heißt das, die böhmische Sache bereinigen?«, fragt Heinrichs Sohn Marek. »Soll das heißen, Böhmen soll seine rebellischen Bürger zum Schweigen bringen?«

»Gut erfasst, mein Sohn, darüber haben wir im Kronrat heftig gestritten. Magister Jan Hus erhielt jedoch auch die Einladung, zum

Konzil zu erscheinen. Wenzel fürchtet den gewaltsamen Einmarsch der römischen Kreuzzügler, wenn der Protest nicht endet. Er drängt auf Klärung vor dem Konzil!«

»Heinrich«, fragt Martha verwundert, »warum erzählst du vor allen unseren Knechten und Mägden von diesen vertraulichen Angelegenheiten, die ihr im Kronrat besprecht?«

»Weil ich einen Beschluss gefasst habe, Martha, der ALLE Krakovecer Bürger angeht. Euch alle bitte ich in dieser Sache um eure Verschwiegenheit nach außen. Ich habe einen vertraulichen Boten aus unseren Reihen zu Magister Hus geschickt. Er überbringt ihm meine Einladung, auf unserer Burg, die abgeschieden und weit entfernt genug von Prag gelegen ist, bis auf weiteres sicheres Quartier zu nehmen. Und das sollte vorerst kein Fremder wissen!«

»Unsere Jüngste ist in heller Aufregung. Ich hatte Mühe, sie zu Bett zu bringen«, sagt Martha, als sie im Schlafgemach den Vorhang des Baldachins zur Seite schiebt und Kissen richtet. »Mir wirbeln auch zu viele Gedanken durch den Kopf.«

»Liebes, auf unsere Männer und Frauen kannst du dich verlassen!« beruhigt Heinrich seine Frau.

»Heinrich, sag mir, warum ließ man Hus so tief fallen? Er hat doch in Prag als angesehener Rektor und überaus beliebter Pfarrer nichts anderes getan, als aufzuklären und zu predigen und alle – die Professoren der Universität, den Erzbischof und den König – hat er überzeugt, und sie standen auf seiner Seite?«

»Es ging ihnen wahrscheinlich gar nicht um die reine Wahrheit«, erklärt Heinrich.« Als der Papst seinen aufmüpfigsten Kritiker in seine Schranken weisen wollte und den Bann über ihn aussprach, knickten nacheinander alle ein, die ihn bis dahin gefördert oder geschützt hatten, weil sie den Verlust ihrer Posten und Güter fürchteten, somit verlor Hus die Rückendeckung seiner Vorgesetzten und auch die vieler Freunde und Weggefährten, die um Leib und Leben fürchteten. Wenzel will sich von dem Vorwurf befreien, schwacher Regent eines Ketzerreiches zu sein, und will es sich nicht mit dem Papst verscherzen, schließlich bekommt die königliche Kasse Anteile am Ablassgeschäft. Und König Sigismund mischt mit seinem diplomatischen Geschick kräftig mit. Er greift nach der Kaiserwürde der europäischen Länder im Heiligen Römischen Reich, die ihm jedoch nur ein legitimer, wie ein ihm wohlgesinnter Papst verleihen kann. Ein Beweis für seine Fähigkeiten wären politische Erfolge auf dem Konzil – deshalb auch die Causa Hus.«

»Der Fall Hus, als wenn er schon geopfert wurde!«, bangt Martha von Lefl.

»Im Gegenteil! Vereint werden wir für ihn Sorge tragen!«

4. Juli 1414
Aufregung auf Burg Krakovec

Auf Krakovec herrscht trotz der hochsommerlichen Hitze reges Treiben. Resolut gibt Frau Lefl Anweisungen: »Die Gästezimmer müssen hergerichtet werden! Olga, nimm die fünf hinteren Gemächer im ersten Stockwerk, hole frisches Stroh und das gute Leinen für die Bettstellen. Marek, kontrolliere mit dem Hofmeister, ob wir die Vorräte aufstocken müssen! Und Thomas, schafft Platz im Stall für die zusätzlichen Pferde! Branco, und du sorgst in der Küche dafür, dass nur das Beste auf den Tisch kommt!«

»Jawohl, Madame! Ano, má paní!« Und alle sausen los.

Nur nicht Vladimíra. Sie schlendert mit der Holzpuppe unter dem Arm über den Innenhof. »Wann kommt der Besuch endlich?«, fragt sie die große Schwester. Mila sitzt im Schatten auf einem Schemel vor der Vorratskammer, um Kräuter zu sortieren und die wohlriechenden getrockneten Blättchen in kleine Beutel zu füllen, Duftsäckchen, die sie kunstvoll bestickt hatte, um sie unter die Kopfkissen der Gästebetten zu legen.

»Bald!«, tröstet sie. »Doch sage, hast du deine Schreibübungen heute schon erledigt und deine Buchstaben ordentlich ins Wachstäfelchen geritzt? Du hättest jetzt genügend Zeit!«

»Dazu habe ich aber keine Lust, Mila. Ich will mit dem Herrn Hus schreiben, der kann das gut.«

Mila schüttelt schmunzelnd den Kopf. Vladimíra wendet sich ab, jedoch nicht um in die Schreibstube zu gehen. Sie läuft zum Turmtürchen, springt die Stufen hinauf, die zum halbrunden Bergfried führen, klettert unter der Dachspitze in eine Luke der Ringmauer und schaut, ob sie schon die Reiter sehen kann. Neugierig beugt sie sich weit über die steinerne Kante, um Ausschau zu halten. Sie sieht den steilen Berghang, den dichten Wald und tief unter ihr die lange Holzbrücke vom nördlichen Burggraben. Doch diesen Steg passiert noch niemand.

Vladimíra schließt die Augen und sehnt sich die Gäste herbei. Sie spürt die sengenden Sonnenstrahlen auf ihrer Haut und atmet tief durch. Doch welch beißender Geruch strömt plötzlich in ihre Nase? … Rauch!

»Hilfe!«, schreit Vladimíra vom Turm herunter. »Hilfe!«

Mutter ist die erste, die ihr Mädchen hoch oben, wild fuchtelnd entdeckt und um ihr Leben fürchtet, denn sie hängt weit über der Brüstung mit ihrem leichten Körper.

»Vladimíra, komm sofort herunter!«

»Mama. Hilfe! Hilfe! Sieh nur den Qualm.«

Im Nu umhüllen ätzende Rauchschwaden den Turm.

»Es brennt! Lauf auf der Stelle nach unten!«

Eine dunkle Rauchsäule quillt aus dem Küchenfenster, lichte Flammen züngeln hinterher. Es riecht nach verkohltem Fleisch.

»Ojemine! Branco! Bist du noch in der Küche?«, ruft Frau von Lefl entsetzt.

Jiří und Marek und die anderen rennen zum Brunnen, füllen die ledernen Eimer, rennen zur Küchentür, schütten Wasser ins Innere des Raumes. Blitzschnell kurbelt Mila das Zugseil des Brunnens hoch, kippt den Inhalt des Bottichs um in leere Eimer, lässt den geleerten Bottich wieder nach unten, um ihn rasch gefüllt nach oben zu ziehen. Die anderen bilden eine lange Schlange und reichen einander die Löscheimer zu. Sie kippen und gießen ein um den anderen Wasserschwall in den Feuerherd.

»Zzzisch!«, röcheln die Flammen. »Zisch!«

Das Feuer und der verheerende Qualm sind gelöscht.

Da taucht Branco auf. Er schleppt schwer an einem Sack Bohnen aus dem Vorratskeller. »Mein Braten!«, ruft er entsetzt. »Ist die Gans verbrannt?«

Jiří presst ein nasses Tuch vor sein Gesicht und wagt sich in die übel riechende Küche.

»Am Spieß über der Feuerstelle hängt ein blasiger Klumpen mit verkohlten Lappen. Aus der Masse tropft Öl in die Asche. Die ganze Küche ist verrußt und verräuchert und hin«, berichtet er, als er wieder ins Freie tritt.

»Das sollte das Festmahl zur Ankunft des Magisters werden«, jammert der Koch entmutigt.

»Mach dir keinen Vorwurf. Es gibt für jedes Problem eine Lösung.«

»Wir konnten das Feuer löschen. Das ist die Hauptsache. Und kein Mensch kam zu Schaden. Gottlob! Du hast doch genug dicke Bohnen, Branco. Koch eine Suppe!«, beruhigt Herr von Lefl.

»Ja, lasst uns lieber eine dünne Suppe mit Freunden essen als einen fetten Braten mit Feinden!«, meint auch seine ältere Tochter lachend.

In der schrecklichen Aufregung bemerkt keiner der Helden die drei herankommenden Reiter. Jan Hus und seine Begleiter! Sie steigen vom Sattel und begrüßen die bestürzten Krakovecer.

»Euer Missgeschick ist nicht schlimm«, tröstet Hus. »Wir sind genügsame Leute. Nur, die verbrannte Gans«, sagt er leise, »die ist kein gutes Omen.«

Auf dem Gänsehof

Branco und seine Gesellen räumen die Küche auf, putzen und scheuern und schauen, was zu retten ist. Frau von Lefl beauftragt den Küchenjungen und die Kinder, beim Bauern eine neue Gans zu besorgen.

»Das ist überhaupt nicht nötig«, sagt der Gast. »Wir sind nicht bei euch, um uns den Wanst vollzuschlagen. Hinterher wird geflüstert, ich prasse genauso wie die, die ich zur Mäßigung mahne.«

»Das ist heute unwichtig. Heute wird gefeiert, dass ihr wohlbehalten hier seid, Meister Hus, und dass unsere Burg nicht von den Flammen vernichtet wurde.«

»Gut, aber ich begleite die Kinder!«

Vladimíra freut sich und betrachtet Hus von oben bis unten. Der sieht kräftig aus wie ein Bauer, gepflegt wie ein Adliger und wohlgenährt mit dunklen, funkelnden Augen über den bartlosen runden Wangen und markanten Wangenknochen. Eigentlich habe ich mir den gelehrten Gast nicht so vorgestellt, denkt sie. Sein kurzgeschnittenes Kopfhaar trägt er in die Stirn gekämmt und einen weiten grauen Mantel aus feinem Stoff. »Ich dachte, alle Professoren tragen einen Bart!«, meint die Sechsjährige überzeugt.

Hus lacht: »Ich bin doch kein Prophet!«

»Gänsebraten!«, ruft Marek dazwischen, um schnell das Thema zu wechseln. »Wenn unser Koch zu Martini Semmelknödel mit Gänsebraten auftischt, freue ich mich jedes Mal«, und reibt sich genüsslich seinen Bauch.

»Ich liebe Brancos frischgebackenes knuspriges Brot«, schwärmt Mila.

Ohne einen Moment zu zögern, ruft Vladimíra: »Kolatschen mit Mohn und Quark und Pflaumenmus sind mein Lieblingsgebäck! Einfach köstlich und Lebkuchen mag ich auch!«

»Du kleines Süßmaul! – Und was mögen sie, Herr Hus?« fragt Mila.

»Völlerei liegt mir überhaupt nicht. Wisst ihr, ich mag eigentlich all das, was nahrhaft ist, einfach und schlicht und satt macht: Brot, Fisch und Hülsenfrüchte zum Beispiel. Könnt ihr euch das vorstellen, als ich noch ein hungriger Student gewesen war, da formte ich mir aus Brot eine Art Löffel und aß damit so lange Erbsen, bis ich schließlich auch den Löffel aufgegessen hatte.«

Von Weitem hören sie wildes Schnattern und finden Karl am Wiesenhang. Der jüngste Sohn des Bauern, mit dem Vladimíra manchmal spielt, wenn er Zeit hat, muss die aufgeregte Gänseschar hüten, was neben dem Schweinefüttern und Wasserholen zu seinen täglichen Aufgaben gehört. Sie verhandeln rasch. »Mutter sagt, wir schreiben den Vogel ins Abgabebuch!«, erklärt Marek und klemmt die Gans unter seinen Arm.

»Ich sag dem Vater Bescheid.«

»Ich hoffe, Branco brät die Gans diesmal golden knusprig und verfeinert die Soße mit würzigen Aromen. Moment! Was meintet Ihr vorhin mit: ...ist kein gutes Omen?« fragt Mila.

»Kinder, mein Name – Jan Hus aus Husinec. Husa heißt auf Deutsch: die Gans. Johannes aus dem Gänsedorf. Ja, lacht nur.« Hus seufzt. »Ich habe eine traurige Vermutung und die bereitet mir große Sorge. Aber das ist kein Thema für euch Kinder.«

»Doch, bitte erzählt!«

»Vielleicht reise ich bald zum Konzil, um den König zu treffen. Er hat mich aufgefordert, dort meine Thesen zu erläutern. Nur bin ich mir nach wie vor nicht sicher, wie über meinen Fall verhandelt wird. Ihr wisst, dass ich das falsche Verhalten vieler Geistlicher und das herrschaftliche Kirchensystem kritisiere. Das passt den Kirchenmännern nicht. Sie fürchten um ihre Stellung. Wenn sie mir zuhören, kann ich ihnen in aller Offenheit meine Erkenntnisse aus und mit der Heili-

gen Schrift erklären und auf ihre Einsicht und Umkehr hoffen.«

»Und wenn sie dir nicht glauben?«

»Das weiß ich eben nicht. Es ist gut, dass sie mich überhaupt eingeladen haben. Denn viele Männer und auch Frauen, die ein bescheidenes, gottgefälliges Leben führen wollten und sich von Rom abwandten, wurden verfolgt und vertrieben, als Ketzer gebrandmarkt und getötet. Wie damals die Katharer in Südfrankreich oder in Oberitalien die Waldenser. Das Urteil hieß: Tod durch Verbrennen.«

»Ihr sorgt euch sehr. Dann geht nicht zum Konzil!«, rät Mila.

»Du sollst nicht auf den Spieß! Das wäre ja furchtbar!«, ruft Vladimíra entsetzt. »Bleib hier, Karls Gänse und wir alle passen auf dich auf.«

»Ich werde Euer Leben verteidigen! Diese Machtbesessenen. Diese Heuchler! Diese Feiglinge!«, empört sich Marek und reißt seinen Dolch vom Gürtel und beschwörend in die Höhe. Die Schlachtgans schlägt erschrocken mit den Flügeln, reißt sich los und plumpst ins Gras.

»Steck die Waffe ein!«, fleht Mila. »Gewalt erzeugt Gegengewalt!«

»Lasst gut sein, Kinder! Ich vertraue auf Gottes große Gerechtigkeit.«, entgegnet Hus.

Juli 1414 · In der Burgkapelle

Das warme Licht der Abendsonne fällt durch die beiden langen Fensterspalten in die kleine Burgkapelle. Die dicken, kalkverputzten Mauern leuchten in sanften Farben. Eine Kerze auf dem kleinen Altar beleuchtet den kleinen Andachtsraum. Der Burgherr bittet den Gast, heute Abend die Heilige Messe zu zelebrieren.

»Das tue ich gern.« antwortet Jan Hus und beginnt:

»Liebe Gemeinde, ich will keinen, der es verlangt, über die Heilige Schrift in Unkenntnis halten und in unserer Sprache sprechen. Ich will denen widersprechen, die das Volk in Unkenntnis halten, weil sie es gefügig machen wollen. Das heißt, ich möchte, dass alle Menschen wissen, was wirklich in der Bibel steht, damit keine gewissenlosen Prediger die Aussagen ins Gegenteil verdrehen, um dann das gottesfürchtige Volk zu erpressen. Und ich widerspreche all jenen, die die erstarrten Gesetze und Dogmen der Heiligen Römischen Kirche für wichtiger erachten als das Wort Gottes. Doch hört, auch schon die Apostel fragten sich, warum die Herrscher sich gegen den Herrn verbündet haben und seinen Gesalbten und seine Jünger peinigen.« Und er öffnet eine Bibelabschrift und liest: »Die Tempelherren tobten, die Ältesten im Hohen Rat verhörten Petrus und die Apostel und zürnten: Wir haben euch streng verboten, im Namen dieses Jesus zu lehren; ihr aber habt Jerusalem mit eurer Lehre erfüllt; ihr wollt das Blut dieses Menschen über uns bringen – (Apg. 5,29) – Furchtlos antworteten Petrus und die Apostel: Man muss Gott mehr gehorchen als den Menschen.

Und weiter heißt es, die Tempelherren ließen sie auspeitschen; dann verboten sie ihnen, im Namen Jesu zu predigen, und ließen sie frei. Sie aber gingen weg vom Hohen Rat und freuten sich, dass sie gewürdigt worden waren, für seinen Namen Schmach zu erleiden. Und Tag für Tag lehrten sie unermüdlich im Tempel und in den Häusern und verkündeten das Evangelium von Jesus, dem Christus ...«

»Jezu Kristê štědrý Kněže s otcem s duchem jeden bože stědrost tva' jest naše zboží' z tve' milosti.
Oh lieber Herre Jesu Christ, der du unser Erlöser bist,
nimm heut an unsre Danksagung, aus Gnaden.
O Christe, versammle dein Heer, regiere es mit treuer Lehr
deinem Namen zu Lob und Ehr, aus Gnaden«

singt die kleine Burggemeindeschar vollen Herzens und fühlt sich innerlich gestärkt. »Herr, zeige uns den rechten Weg durchs Leben«, betet Hus. »Du hast Verachtung, Hohn und Spott erlitten, selbst den Tod. Du bist zum höchsten Thron zu Gottes Rechten aufgestiegen,

um uns ewiglich zu vertreten. Christus, hilf mit deiner Gnade, dass dein Volk Seligkeit erlangt und dich preist in Ewigkeit. Amen!«

»Kommt, lasst uns reden«, sagt Heinrich von Lefl nach der Abendmesse zu seinen Gästen und Freunden, »wir müssen entscheiden, was zu tun ist.« Sie treffen sich im Kaminzimmer am massiven, mit feinen Schnitzmustern verzierten Konferenztisch. »Ich will den Kampf für die gerechte Sache nicht abbrechen. Ewig kann ich mich nicht verstecken«, sagt Hus, »obwohl ich dir sehr zu Dank verpflichtet bin, dass ich bei euch sein darf, lieber Heinrich. Die Sache muss geklärt werden. Ich werde wohl der Einladung zum Konzil folgen, um weiteren Schaden für unsere böhmische Heimat und die Sache der Kirchenreform abzuwenden. Es ist bereits unschuldiges Blut geflossen. Denk an die drei jungen Männer, die von den Schergen gefoltert und hingerichtet wurden – Staček, Jan und Martin – ihr einziges Vergehen war, dass sie unsere Bethlehemskapelle verteidigten und öffentlich gegen den Ablasshandel protestierten. Wie ich. Ich als ihr Wortführer darf mich nicht reuig davonstehlen. Zu viele Dürstende wären bitter enttäuscht. Nein, einen Kreuzzug gegen unser böhmisches Volk kann ich nicht verantworten.«
»Der Herr allein weiß, was das Beste wäre«, sagt Heinrich und sichert ihm die volle Unterstützung zu.
Nach reiflichem Überlegen schreibt Hus an König Sigismund: »Ich gehe freiwillig nach Konstanz und bin bereit, mich unter dem Schutz des Geleits dem Konzil zu stellen, wo ich in einer öffentlichen Audienz gehört und geprüft werden will!«, und beauftragt seinen Boten: »Stephan! Reitet zum König nach Speyer und überbringt ihm mein Schreiben!«

Sigismund verspricht dem böhmischen Kirchenkritiker den königlichen Schutzbrief, der ihm eine schnelle, ungehinderte und sichere Reise gewähren soll und die Möglichkeit, während der Versammlung vor allen Vertretern des Reiches und der Kirche zu sprechen.

Mithilfe seiner engsten Freunde und Berater bereitet Hus in den nächsten drei Monaten die Reise gründlich vor. Die Männer verbringen viele Stunden in der Schreibstube. Sie beschaffen Dokumente aus der Universität, die ihn entlasten könnten, arbeiten das Schreiben des Inquisitors durch, durchforsten die richterlichen Urteile des böhmischen Landrechts und ordnen die schriftlichen Eingaben, die Hus bereits dem König, dem Kronrat, dem Erzbischof und anderen vorgelegt hatte.

»Ihr spielt Schach?«

»Ja, Meister Hus, mit Vergnügen.« Hus schaut Jiří und Marek über die Schulter, als sie eines Abends im Kaminzimmer zusammensitzen. »Das ist ein großartiges Spiel, wenn ihr es nur nicht um Geld spielt. Ich muss gestehen, dass ich in meiner Jugend auch gern Schach gespielt habe mit meinen Kommilitonen. Doch ich bin oft wütend, gar jähzornig geworden, wenn mein Mitspieler nicht logisch dachte und mir meinen Weg verbaute.«

»Und wie denkt ihr heute über das Spiel?« fragte Marek.

»Ach ja, das Schachspiel ist schon ein guter Zeitvertreib. Es eignet sich hervorragend, um gute Strategien zu entwickeln. Zwei Herrscher und mit ihren Gefolgsleuten und Untertanen, die nur ein Ziel vereint: den anderen schlagen!«

»Wie im Leben?«

»Genau wie im Leben, Marek. König Sigismund dort auf der deutschen Seite, gegenüber Wenzel mit seinem Gefolge? Vielleicht. Vor meiner Verbannung deckte mich unsere Königin. Schau hier, als guter Bauer stand ich hinter ihr! Sie schützte mich am Hof, denn meine Verehrung beruhte auf Gegenseitigkeit. Ich sah sie oft unter den Zuhörern in der Bethlehemskapelle und sie besuchte mich zur Beichte. Ihr Mann, unser König Wenzel brauchte mich ebenfalls, zum Beispiel als er vor fünf Jahren das neue Mitbestimmungsgesetz für die Karlsuniversität erließ: Das Dekret zu Kuttenberg. Er wollte den Einfluss der Tschechen im Böhmerland stärken, woraufhin aber die deutschen Magister und Studenten wütend Prag verließen wie schlechte Verlierer. Sigismunds nächster Schachzug ist das Konzil, das er zusammen mit Papst Johannes aus Rom für November einberufen lässt. Dort werden Köpfe rollen.«

»Und welcher Strategie folgt Ihr?«, fragt Marek interessiert. »Ich spiele mit ehrlichen Karten und fordere verständliche Regeln, die allgemein für jeden gelten. Ich opfere meine Bauern nicht.«

Lavendelblüten und Rosmarin verströmen Sommerduft. Blumen und Kräuter in den steinumfassten Beeten blühen in üppiger Pracht. Liebevoll hegt und pflegt Mila die Pflanzen des Kräutergartens. Großmutter hatte ihr eine Menge über die Weisheiten und Wirkstoffe der Pflanzen beigebracht. Die kleine Botanikerin, wie die Mutter sie oft nannte, pflückt gerade einige Stängel Johanniskraut und Ringelblumenblüten, als ihre kleine Schwester mit Meister Hus in den Kräutergarten kommt.

»Sammelst du wieder Sonne für die Seele?«, fragt Vladimíra verschmitzt. »Du wirst irgendwann merken«, entgegnet Mila, »wie viel Wahrheit in der Heilkunde steckt!«

»So wie in der Heiligen Schrift!«, ergänzt Hus. »Die Wahrheit der Bibel, ihr Maßstab würde ausreichen, alle Menschen zufrieden und selig zu machen. Im achten Kapitel des Johannesevangeliums, das ich gern zitiere, könnt ihr lesen, was Jesus zu seinen Jüngern sprach: Bleibt an meiner Rede, dann seid ihr meine wahren Jünger. Ihr werdet die Wahrheit erkennen und die Wahrheit wird euch frei machen. Darum sage ich immer wieder: *Suche die Wahrheit, höre auf die Wahrheit, lerne die Wahrheit, liebe die Wahrheit, sprich die Wahrheit, halte die Wahrheit fest, verteidige die Wahrheit bis zum Tode, denn die Wahrheit befreit dich von der Sünde und vom Tod.*«

»Warum ist es dir wichtig, die Wahrheit zu finden?«, fragt Vladimíra.

»Du erkennst, was gut und erstrebenswert ist und was böse und schlecht ist.«

»Meinst du damit auch giftige Pflanzen?«

»Ganz sicher!«

»Welches Gift kennst du?«

»Ich meine«, überlegt Hus, »dem menschlichen Körper schaden nicht nur pflanzliche oder tierische Gifte. Auch Hochmut, Habgier und Zorn zerstören unsere Seelen – schnöde Selbstsucht und wollüstiges Begehren, Eifersucht und Missgunst, aber auch Trägheit und Feigheit können das Herz des Menschen vergiften – humilitas, caritas, castitas, patientia, temperantia, humanitas, industria.«

»Was sagst du?«, fragt Vladimira.

»Das ist Latein und wohlversprechendes Gegengift!«, entgegnet Hus.

»Ich möchte wissen, was das heißt!«, Vladimira bleibt hartnäckig.

»Du bist ein wissbegieriges Kind.« freut sich Hus. »Forsche weiter mit deinen Fragen! Gib deinem Geist Nahrung.«

»Ich möchte wissen, was das heißt!«, bettelt Vladimíra.

»Du wirst es herausfinden!«, verspricht Hus.

»Warst du ein neugieriges Kind?«, fragt Vladimira weiter.

»Neugierig war ich schon, ein Kind mit großer Sehnsucht und Verlangen.«, antwortet ihr Hus und erzählt:

»Meine Kindheit verbrachte ich in dem kleinen Ort Husinec, der zum Pfarrbezirk Birken im Böhmerland gehört. Mit den Nachbarsbuben durchquerten wir die Wälder im Süden auf der Suche nach Abenteuern und trafen uns am Weiler, plantschten in den Heilquellen, widerstanden den Versuchungen, Schabernack mit den heiligen Kruzifixen zu treiben, oder wir sammelten einfach nur Pilze und Beeren und Reisig. An der Blanice spielten wir, warfen Steine in das Flüsschen oder gruben Löcher in den Schlamm in der Hoffnung, Goldkörnchen zu finden. An der Wassermühle schauten wir dem Müller bei der Arbeit zu oder halfen auf den Wiesen und Äckern beim Heu machen und Ernten. Meine Eltern bewirtschafteten einen bescheidenen Hof und einen kleinen Acker.

Unsere Familie wohnte an der Dorfstraße im ersten Stock eines Hauses in einer engen Wohnkammer dreimal viereinhalb Meter groß. Da gab es nicht viel zu entdecken. In einer Nische war Mutters dunkle Küche mit Feuerstelle und Kamin. Vater war oft weg. Er diente als Fuhrmann, denn genau durch unser Dorf führte der Goldene Steig, ein wichtiger Handelsweg. Von Passau über die Bergkämme bis nach Prag beförderten die Männer auf Lastpferden Salz in Fässern, teure Tücher und Wein, Meeresfrüchte und Gewürze, Eisen und Waffen. Das war keine ungefährliche Arbeit. Immer wieder wurden die Männer überfallen und ausgeraubt. Wir waren heilfroh, wenn Vater gesund und fröhlich von diesen Touren heimkehrte. Sonntags gingen wir gemeinsam in die Messe. Meine fromme Mutter mahnte mich immerfort, Gott zu danken. Ich dachte oft: Wofür soll ich danken? Für das bisschen, was wir armen Leute haben?

Ich wollte Priester werden, das verschafft mir einen sicheren Lebensunterhalt, dann könnte ich mich gut kleiden und habe Ansehen bei den Leuten. Und weil ich rasch Karriere machen wollte, musste ich zuvor Latein lernen, weil das die Gelehrtensprache ist. Mutter erlaubte mir, in Prachatice auf die Lateinschule zu gehen. Die Stadt war Umschlagplatz der Salzhändler und entsprechend reich und geschäftig. Neben der Kirche hatten die Priester unser Schulhaus eingerichtet. Wir lernten unter strenger Hand die Grundlagen des Lesens, Schreibens und der Mathematik. Und Latein. Wenn ich am Fenster stand und über die hohen Mauern der Stadt schaute und die sanften wellenförmigen Hügel und Täler erblickte, dachte ich, unseren Ort erkennen zu können, und bekam leichte Sehnsucht, denn Vater war gestorben und ich konnte nur in den Ferien heim zur Mutter.

Im Jahre 1390 nahm mich mein Lehrer, Christian von Prachatice, mit zur Universität nach Prag.

König Wenzels Vater, Karl IV., hatte der Stadt Glanz und Ansehen verschafft, ein tüchtiger und gottesfürchtiger Mann. Er war Herrscher des Heiligen Römischen Reiches, das sich von Burgund bis Schlesien und von Mecklenburg bis Florenz erstreckte. Da der Kaiser gleichzeitig König von Böhmen war, schmückte er seine Heimatstadt Prag zur prächtigen Hauptstadt des Reiches aus. Jedermann fürchtete, dass das nahe Ende der Welt bevorstünde, jedermann hoffte, die neue Welt, das neue Jerusalem würde bald erscheinen. So wollte der Kaiser gewappnet sein und dem wiederkommenden Christus die schönste Stadt präsentieren. Er ließ die Steinbrücke über der Moldau errichten, die nun die Altstadt mit der Kleinseite an der Burg verbindet, ließ neue Häuser bauen, neue Viertel, Werkstätten und Kirchen, warb neue Siedler für die Landwirtschaft, Arbeiter für die Silberminen und Tuchindustrien und Akademiker und Studenten für die von ihm gegründete

Prager Universität, die erste Universität nördlich der Alpen, der er dann seinen Namen gab. Viele Bürger aus anderen Teilen des riesigen Reiches kamen nach Böhmen: Polen, Bayern, Sachsen, Waldenser aus Italien, Beamte, Händler, Handwerker, Bauern, Arbeitsuchende, Vertriebene. Wissenschaft, Kunst und Handel erlebten eine Blütezeit.

Auf diese große Stadt war ich natürlich neugierig und spürte ein unbändiges Verlangen, endlich dort mit dem Studium beginnen zu können.«

»Und wo hast du die Wahrheit entdeckt?«, hakt Vladimíra von Neuem nach.

»Das ist eine gute Frage!«, überlegt Hus. »Ich kann dir keinen Ort oder Zeitpunkt nennen, Erkenntnisse entwickeln sich und aus Erkenntnissen wachsen neue Fragen. An der Universität lernte ich viele Standpunkte, Blickwinkel und Strömungen kennen. Wir lasen antike und moderne Schriften aus dem In- und Ausland und diskutierten fortwährend über immer neu dazu gewonnene Aspekte. Ich wollte alles wissen und entdeckte leider auch viel Heuchelei und Lug und Trug hinter schönen Worten.

Mein Freund Hieronymus brachte aus England die Schriften von John Wyclif mit, seine kritischen Thesen über die Kirche zum Beispiel haben mich angeregt, noch tiefer nach der Wahrheit zu forschen als bisher.

Und ich hörte den Menschen auf den Straßen zu.«

»Hast du dort die Wahrheit gefunden?« fragt Vladimira.

»Ich hörte die Kehrseite der Medaille, die Sorgen und Nöte, die Seelenqualen der Menschen. Die schweren Pestepidemien, die bis vor Kurzem in halb Europa wüteten, in denen ganze Landstriche verödeten, weil die wenigen Überlebenden vor dem Hungertod flohen. Die Städte füllten sich mit verarmten Flüchtlingen, die in Elendsquartieren hausten. Dies Unheil deuteten sie voller Angst als eine Strafe Gottes – und sie folgten den Bußforderungen der Kirche und spendeten reichlich an Heilige, kauften Ablassbriefe und wallfahrten zu Reliquienschreinen, hielten strenge Fastenzeiten oder züchtigten sich sogar selbst mit Peitschenhieben.«

»Und das soll im Sinn von Jesus sein?«, fragt Vladimíra ungläubig.

»Natürlich nicht. Vor allem nicht, wenn sich die geistlichen Herren mit dem Erlös des Angstmachens auch noch bereichern. Vor den Missständen im Klerus muss einem angst und bange werden. Diese Tatsachen müssen auf den Tisch und kein Lügengift!«, ereifert sich Hus. »Vladimíra, mein Mädchen, nur denke jetzt nicht, das alles Menschentun verroht und verdorben ist. Den Ehrlichen und Wohlwollenden sollten wir unsere Ohren schenken.«

September 1414 · Reisevorbereitungen auf Burg Krakovec

Mit seinem Freund, einem Juristen, wählt Hus wichtige Dokumente aus und beschreibt noch einmal genau die Grundlinien seiner Lehre, um sich eine gute Ausgangsposition beim Konzil zu verschaffen.

»Jesenitz, ich bin gut vorbereitet und werde mit den hohen Herren disputieren, denk an die guten Wortgefechte an der Universität! Weißt du noch, wie wir über die Forderungen Wyclifs stritten, über seine Fragen, ob die Kirche bestimmen kann, wer zur Gemeinschaft der Christen gehört?

Oder über die Lehre von der Wandlung, da diskutierten wir heftig über die Frage, ob beim Abendmahl Brot und Wein durch das Handeln des Priesters in ihrem Wesen wirklich in den Leib und das Blut Christi verwandelt werden, obwohl sie äußerlich Brot und Wein bleiben?

Ich habe viele, doch längst nicht alle seiner Gedanken übernommen, so, wie er die Bibel in seine Landessprache übersetzt hat, habe ich begonnen, sie in die unsere zu übersetzen, trotz erheblicher Widerstände. Habe auch für Laien das Recht gefordert, im Abendmahl aus dem Kelch zu trinken. An die Priester appellierte ich, ein vorbildliches Leben in Sanftmut und Demut zu führen, wie die Menschen in den urchristlichen Gemeinden. Wie sollen Christen die Gebote des Herrn halten, wenn sie die Gebote nicht kennen? Ich kann dir alle Bibelstellen aufzählen, die ihre Rechte beweisen. Wyclifs Gegner behaupteten, dass das Lesen der Bibel zur Sünde führen würde, weil alle Nichttheologen Gottes Wort nicht verstehen und verdrehen würden. Er fragte zurück: ‚Soll man Nahrung verbieten, weil manche zu viel essen? Soll man Kindern das Lesen und Schreiben nicht beibringen, weil sie am Anfang Fehler machen?' Müssen wir nicht unser Bestes geben? Irren kann jeder, ein Priester mit einer lateinischen Bibel genauso wie ein Laie mit einer englischen oder tschechischen.«

»Oder einer deutschen Bibel, nur dass es diese noch nicht gibt, Jan!«, drängt Jesenitz, »Wir sollten lieber überlegen, wie wir reagieren, wenn die Deutschen ein Bündnis gegen dich schließen? Wenn du gegen die Missstände im Klerus predigst, trifft das auch die vielen Deutschen, die in Böhmen leben, die zur Oberschicht gehören und hohe Kirchenämter innehaben, obwohl die tschechische Bevölkerung in der Mehrheit ist."

»Ich weiß, ich wurde Wortführer der Tschechen, als die Prager Karlsuniversität zum abendländischen Schisma Stellung nehmen sollte, also zur aberwitzigen Tatsache, dass es zurzeit mehrere Päpste gibt. Meine Meinung und meine Stellungnahme hat viele Deutsche verärgert. Aber wie konnte ich anders handeln? Jedes Bemühen um Reformen berührt Politik und Gesellschaft. Ich werde nicht als Märtyrer nach Konstanz gehen. Die Vorwürfe, die man gegen mich richtet, werde ich Wort für Wort widerlegen. Wenn ich doch geirrt haben sollte, soll man es mir mit der Heiligen Schrift beweisen!«

»So, Schluss für heute«, entscheidet Milas Mutter. »Ihr habt noch sechs Wochen Zeit bis zum Aufbruch.«

»Mutter, ich möchte den Magister begleiten«, bittet Mila.

Frau von Lefl holt tief Luft. »Du weißt, das gehört sich nicht für ein junges Fräulein von vierzehn Lenzen. Du weißt, das sich Graf Laznik sehr für dich interessiert.«

»Ich könnte dem Herrn Hus zur Seite stehen.«, begründet Mila.

»Lass uns das wohl mit Vater abstimmen.«, beschließt Milas Mutter. Reisevorbereitungen füllen die nächsten Wochen. Freunde und Anhänger sammeln Spenden für die Kosten der Reise und organisieren Pferde für den Magister.

»Du gefällst mir!«, sagt Hus zu dem Braunen.

»Grabštyn heißt er«, erklärt ein Überbringer, »ein treuer Gefährte.«

»Ich danke euch, liebe Freunde, dass ihr mich so großartig unterstützt!«

Karl kommt fast täglich mit seinem kleinen Handkarren und bringt Heu und Hafer für die Pferde. »Vladimíra, das ist für dich!«, und steckt ihr heimlich Räucherwurst zu. »Wie gern würde ich mitfahren, um die weite Welt zu sehen!«

»Und ich MUSS nach Konstanz, auch wenn ich nicht wiederkomme«, denkt Hus und schreibt seiner Prager Gemeinde ein Testament.

»Marek, du wirst zusammen mit Thomas Rittmeister. Kümmere dich besonders um die Pferde! Und Mila …«, Heinrich Lefl hatte lange gerungen, ob er seine Tochter auf die weite Reise schickt, »Mila, du darfst mit. Warum sollen nur Jungen die Welt kennenlernen dürfen? Du wirst reiche Erfahrungen sammeln, viel mehr, als deine Mutter und dein Hauslehrer dir noch beibringen könnten. Wir warten mit der Brautschau. Vielleicht denke ich zu modern. Bleibe auf jeden Fall immer in der Nähe deines Bruders! Für unsere Familie wird es eine große Ehre sein, wenn zwei Mitglieder des Hauses Lefl unserem Freund Jan Hus folgen. Mila, du wirst für sein leibliches Wohl sorgen. Gib acht, dass die Männer gut für den Meister sorgen!«

Vladimíra ruft empört: »DREI! Ich will auch mit.«

»Halt ein! Du bist zu klein für eine Fahrt, auf der Gefahr von allen Seiten droht«, mahnt der Vater. Mila jedoch ist glücklich.

Nach und nach treffen die Mitreisenden ein. Prag schickt zwei offizielle Vertreter der Universität, die Jan Hus seit Studententagen kennt. »Johannes von Reinstein, mein guter Kardinal und alter Freund!«, ruft Hus erfreut und »Peter von Mladoniowitz! Glückwunsch zum Bakkalaureus, mein lieber Schüler, du wirst über unsere Reise Buch führen!«

Auch die Kinder der Lefls begrüßen die anreisenden Gäste. Mila blickt den jungen Studenten verstohlen an.

»Fröhlich sieht er aus«, denkt sie, »mit Lachfalten und strahlenden Augen, und so galant …, wie gut würde ihm statt der Filzkappe erst ein Doktorhut stehen?«

Als Peter von Mladoniowitz die ersten Notizen aufschreibt, schaut ihm Vladimíra unbefangen und neugierig über die Schulter. »Warum malst du so viele Kringel über die Buchstaben?«, fragt sie erstaunt.

»Das sind diakritische Zeichen, schau, die Häkchen setze ich auf Laute, die zischend oder weich ausgesprochen werden sollen, die schrägen Strichlein für langgezogene Vokale.«

Vladimíra runzelt die Stirn: »Das sieht viel zu schwierig aus!«

Peter lacht: »Nein, mit ein bisschen Übung kannst du mit den háčeks und čárkas die tschechischen Laute viel genauer wiedergeben. Weißt du eigentlich, wer die Schriftzeichen erfunden hat? Nein? Unser Lehrmeister Jan Hus!«

»Wie geht das?«

»Frag ihn am besten selbst! Er hat sich den Dialekt, den die Prager sprechen, genau angehört und sich an ihm orientiert. Mit seiner selbst geschriebenen Grammatik- und Orthographielehre schickte er sogar uns Studenten quer durch Böhmen, um die neue Alphabetschreibweise bekannt zu machen.«

»Ich wusste ja, dass er gut schreiben kann!«, strahlt die kleine Schreibschülerin.

In König Sigismunds Auftrag erscheinen zwei böhmische Reisebegleiter, die Ritter Wenzel von Dauba und Johannes von Chlum. Die kräftigen kampferprobten Adelsherren trainieren täglich und üben sich im Schwertkampf, jedoch in der Hoffnung, die Waffen niemals einsetzen zu müssen. Marek beobachtet ihre Übungen beim Laufen und Springen, ihr kunstvolles Fechten und flinkes

Hantieren beim Anlegen der Pfeile und Spannen der Armbrüste und Langbogen. Konzentriert visieren die Schützen den Punkt: »Und Schuss!« »Und wieder ins Schwarze getroffen!«, jubelt der junge Herr von Lefl und freut sich mit ihnen. »Ich beneide eure Kraft und Ausdauer!«, sagt er anerkennend. »Geschick und Übung sind genauso wichtig!«, erklärt Wenzel. »Du musst in jeder Sekunde wissen, wie dein Gegner zuschlagen wird. Du darfst ihn nie aus den Augen verlieren. Beim Zweikampf kannst du den Schwung des Kontrahenten, ohne Kraft aufzuwenden, trickreich in deine Abwehr lenken! Komm, wir üben!«

»Meister Hus, ihr wisst, dass es besser für Euch ist, sich unterwegs unkenntlich zu machen!«, raten die um seine Sicherheit besorgten Freunde. »Habt ihr den weiten Umhang mit Kapuze griffbereit?«

»Ich brauche keine Vermummung. Ich will unverhüllt reiten. Jeder soll mich sehen und soll wissen, dass ich nach Konstanz ziehe!«, wehrt Hus ab. »In allen Städten und auf öffentlichen Plätzen werden wir Plakate aushängen und den Grund unserer Reise bekannt geben!«

Vladimíra und auch Karl beobachten die Reisevorbereitungen genau und packen fleißig mit an, als die beiden Geleitwagen mit Holzkisten und Beuteln voller Proviant, Decken, Akten, Schreibzeug, Gewänder, Leibwäsche, Gerätschaften, Werkzeugen und Hafersäcken beladen werden.

11. Oktober 1414 · Bereit zum Aufbruch

Dreißig Pferde stehen am 11. Oktober bereit für den Aufbruch. In der Kapelle spricht Heinrich für Hus und alle Gefährten den Reisesegen.

Die stattliche Reisegruppe mit böhmischen Adelsvertretern und den beiden Prager Universitätsgesandten, den zwei königlichen Begleitern sowie Marek und Mila, verteilt sich auf zwanzig gesattelte Pferde. Rittmeister Thomas und Jiří lenken die beiden Wagen, vor die sie je zwei Zugpferde eingespannt haben. Fuhrknechte begleiten den Zug, um die Ersatzpferde an langen Halftern zu führen und alle Pferde zu versorgen.

»Na shledanou, liebe Freunde! Bleibt stark und standhaft! Ihr wisst, die Wahrheit stirbt nicht in den Flammen!«, ruft Hus den Seinen aufmunternd zu.

»Formation! Aufstellen!«, rufen die Ritter »Bereit zum Abmarsch!« Mila und Marek sitzen stolz auf dem Pferderücken und winken den zurückbleibenden Krakovecern zu.

»Auf Wiedersehen, Vater und Mutter!«

»Gott befohlen, meine Lieben.«

Zu gern hätte sich Mila von der Schwester verabschiedet. »Wo steckt sie nur wieder?«

Die Reise nach Konstanz

Fahrt durch böhmische Dörfer

Die erste Etappe führt die Reisenden durch dichte Wälder, die das hügelige Herbstland urwüchsig bedecken. Schaurig schön, denkt Mila, als tote Äste unter den Hufen seufzend knacken und welke Blätter kreiselnd einen letzten Tanz im Morgentau vorführen. Trotzdem, es scheint ein goldener Oktobertag zu werden, nachdem es die ganze Nacht geregnet hat, blinzelt die Sonne durch feuchtes, flackerndes Laub. Pilzgeflechte recken ihre Köpfe aus dem Grund und Vogelstimmen grüßen. Un-

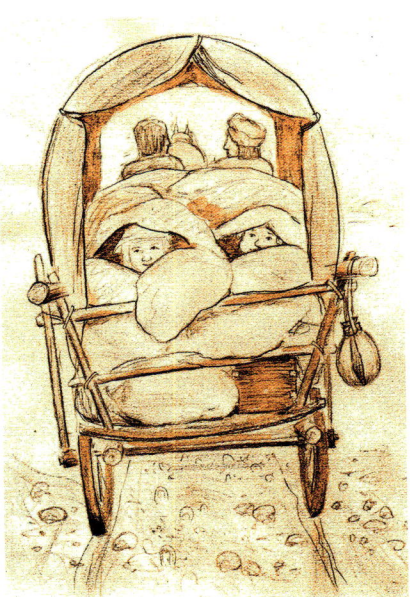

ten am Bachlauf verbreitern die Wassermassen die rauschend kühle Furt. Rambik weigert sich, der schwarze Wallach scheut und quiekt. Marek rutscht vom Pferderücken, nimmt ihn beim Kinn am Riemen und watet mit dem Gaul zum anderen Ufer. Nun quietschen Mareks nasskalte Lederschuhe. Rambik schüttelt seinen Schopf und wiehert vergnügt.

Der Pfad führt bergauf und bergab, mal ist er breiter und bequem passierbar, dann wieder eng und schmal.

Leuchtendrote Hagebutten hängen reifend in Rosenbüschen. Zweige, Ausleger und angriffslustige Brombeerranken stellen sich den Wanderern drohend entgegen. An Wildwuchsstrecken marschieren die Männer mit Schwertern voran, um dorniges Gestrüpp zu stutzen, denn sie wollen eine Verletzung der Pferde nicht riskieren.

Holpernd schlingern die beiden Wagen über ausgetretene, unebene Pfade. An einem abschüssigen Hang verhakt ein Rad an einem hochragenden Wackerstein, ein herber Stoß reißt Thomas abrupt vom Sitz, katapultiert ihn vom Kutschbock, Thomas fliegt, purzelt und schlägt neben den Rädern auf. Johann und Peter greifen blitzschnell zu den Seilen, um den Wagen anzuhalten. »Mila, komm schnell!« Sie eilt zum verletzten Rittmeister, der am Kopf eine klaffende Wunde hat. »Holt Wasser aus der Kalebasse und das weiße Leinentuch!«, von dem sie schmale Streifen abreißt, um die Wunde zu verbinden. In der Wagenladung kramt sie unter den Decken und Fellen nach der Kiste, in der sie die Heilkräuter verstaut hat. »Wo steckt die Ringelblumensalbe?« Sie wühlt und fühlt – einen – dann zwei – zerzauste Kinderköpfe. »Was sucht ihr hier?«, ruft sie entsetzt. »Vladimíra! Karl! Was fällt euch ein?« Verschämt blicken die beiden zu Boden und reiben ihre Gliedmaßen. Karl ist übel und er tapst grünbleich zur nächsten Mulde. »Ich … ich … habe Holper-Rüttel-Stoßflecken!«, stöhnt er.

»Ich fühle mich wie Milch im Butterfass. Autsch!«, klagt auch Vladimíra.

»Was nun?«, fragen die Reisenden ratlos. »Die Fahrt ist gefährlich. Die Kinder müssen zurück!« »Nein!«

»Keine Widerrede! Ihr zwei könnt nicht mit!«, erklärt Mila energisch den heimlichen Fahrgästen, die sich so sehr auf die große Reise und die große Stadt Konstanz gefreut hatten. »Marek, nimm dein Pferd und bringe die beiden Ausreißer zurück nach Hause!«

»Und du?«

»Ich werde auf mich achtgeben, bis du dich unserem Treck wieder angeschlossen hast!«

»Ich werde auf das Fräulein Mila achtgeben«, erklärt Peter bereitwillig und blinzelt Mila zu. »Und falls ich stürzen sollte, weiß ich mich bei ihr in guten Händen.«

»Schade!« meint Karl.

»Jammerschade!« Vladimíra beugt sich traurig und knüpft ihren Beutel vom Gürtel. »Mila, das ist für euch! Unsere Räucherwurst. Die kannst du jetzt Meister Hus servieren.«

»Danke, Schwesterherz! Wir werden euch schreiben, wie es weitergeht.«

Traurig reiten die beiden Abenteurer zurück. Der Tross zieht weiter Richtung Westen und sucht in Manětín eine Gastwirtschaft, um Quartier für die Nacht zu beziehen.

12. – 13. Oktober 1414
Von Manětín über Kokasice bis Planá

Entlang der Goldenen Straße, die einst Karl IV. als Verbindungsweg seiner Reichsstädte Prag und Nürnberg anlegen ließ, reiten die Pilger, fahren auf dem Wagen oder laufen im Wechsel nebenher, um die Reittiere zu entlasten. Mittags rasten sie am Wegesrand oder in Tavernen und legen Pausen ein, wenn die Pferde vor saftigen Grasbüscheln stur und beharrlich stoppen. So erreichen sie am zweiten Abend Kokasice.

An Burg Krasikov zieht die Reisegruppe rasch vorbei, denn man weiß, dass die Krasikover Herren von Reformen nichts wissen wollen. In etlichen Dörfern und Städtchen aber strömen ihnen die Menschen neugierig entgegen und bieten den Gästen freundlich frisches Brot mit Salz und Wasser, Äpfel und Lauch oder gar selbstgebrannten Korn und wünschen dem Magister und seinen Begleitern eine gute Fahrt. Im Galopp holt Marek die Gruppe wieder ein.

Beim Durchqueren einer weiteren Furt brechen die Zugpferde plötzlich aus und hetzen mit dem Gespann durch das steinige Bachbett, es poltert und platscht, der Eisenring springt fort und eine Speiche bricht. Der Wagen neigt sich und droht umzukippen. Die Männer schwitzen, hieven, drücken und schieben den Hänger schnaufend aufs trockene Land. Der Treck muss pausieren. Nur nicht Thomas und Jiří, die rasch mit passendem Werkzeug das angebrochene Rad flicken.

Währenddessen erzählt Jan Hus vom Bruch mit seinen ehemals besten Freunden, seinem Lehrer Stanislav von Znaim und seinem Kollegen Stefan Paletsch, von seiner großen Enttäuschung über die einstigen Wegbegleiter. Die hatten ihren gemeinsamen Kampf für Reformen aufgegeben und verraten und hetzen jetzt als schärfste Kritiker gegen ihn. »Warum nur, frage ich mich oft, wandelt sich tiefe Freundschaft in abgrundtiefen Hass …?«

»Fertig! Der Bruch ist genagelt. Formation! Es kann weitergehen!«,

rufen die geschickten Handwerker. »Schaut vorwärts, Meister! Wir werden die Sache in Konstanz ebenso retten.«

Meile um Meile ziehen sie weiter. Wiesen und Äcker schmiegen sich in das wellige, weite Land, wo Kolonisten Waldflächen urbar gemacht hatten. Die Ernte ist eingebracht. Landwirte, Knechte und Mägde sammeln die letzten Rüben, pflügen mühsam die Felder und winken freundlich. Am Wegrand rufen steinerne Kruzifixe zur stillen Einkehr.

Auf einer Anhöhe taucht plötzlich ein gutes Dutzend massiger Kühe bedrohlich nahe vor ihnen auf. Die Rinder glotzen und umzingeln neugierig den friedlichen Tross.

»Rückt zusammen!«, ruft Thomas. Plötzlich scheut Limpak, wiehert laut, springt mit den Vorderbeinen hoch und stößt Marek von hinten zu Boden. Der stürzt unvermittelt vornüber, schlägt hart mit dem Unterkiefer auf den Grund, prellt Knie und Handgelenke. »Mein Zahn!«, jammert Marek.

»Heilige Mutter Maria! Diese Satansbraten!«, wütet Ritter Johann, den es genauso hätte treffen können.

Mila versorgt Mareks blutende Wunden. »Bruder, du solltest auch auf dich achtgeben!«, und reibt Beinwelltinktur auf seine Prellungen, während Johannes und Wenzel eine Liegestatt aus Fellen polstern und den Verletzten auf den Wagen hieven.

»Gebt euch nie geschlagen! Haltet tapfer durch!«, appelliert Hus an den Gestürzten wie an alle anderen. »Es bringt überhaupt nichts, die Jungfrau Maria oder irgendwelche wunderseligen Heiligen anzurufen. Nur gegenseitig können wir uns helfen!«

Die Pilger ziehen beklommen weiter. Gegen Abend erreichen sie das Stadttor von Planá und einen Gasthof, in dem die Reisenden Marek versorgen und ein Bad nehmen. Der Gastwirt füllt siedendes Wasser in einen hölzernen Zuber und gießt kaltes Wasser nach, bis eine angenehme Temperatur erreicht ist. »Fertig! Die ersten drei können ins Bad steigen!« Sie reinigen sich von Schmutz und Schweiß und pflegen ihre matten Füße. Mila wartet. Mit der letzten lauen Lauge schrubbt sie Mareks Fleckenhemd, das sie über Nacht vor dem glimmenden Feuer des Kamins trocknen lässt.

Zwanzig Meilen in vier Tagen.
Nachdem sie Tachau durchquert haben, schlängelt sich ihre letzte Etappe durch den Böhmerwald entlang des Studenecký Baches, der leise gurgelnd durch das sich windende Bachbett fließt, über bemooste Kaskaden spritzt, sich in seichten Fällen ergießt und rostfarbig benetzte Steine überspült. Der Boden hier ist reich an Erz und Mineralien. Das Wasser hart. Die Hänge steil.
»Los, Männer, absteigen! Führt die Pferde und helft schieben! Wir wollen nicht rückwärts rollen!« rufen die Rittmeister an einer steilen Anhöhe. Oben erreichen sie die Grenzmarkierung. Vor ihnen liegt die Weite der Oberpfalz.
Jan Hus blickt wehmütig zurück in die Ferne. »Wir verlassen hier unsere geliebte Heimat. Ich fürchte mich. Ich weiß nicht, wie uns die Deutschen aufnehmen werden. Hält der König sein Versprechen, dann kommen wir hierher zurück!«
Doch der von König Sigismund versprochene Geleitbrief war immer noch nicht ausgefertigt und konnte ihn nur vor weltlichen Richtern schützen. »Mich drücken seltsame Bauchschmerzen.«

14. Oktober 1414 · Willkommen in der Oberpfalz

Im ersten Städtchen hinter der Grenze, das sie schon von Weitem im Talkessel erkennen können, kommen ihnen der Pfarrer und seine Vikare entgegen.
»Herzlich willkommen in Bärnau!«, sagt er überaus freundlich zu Magister Hus und lädt die Reisenden sogleich in seine Stube ein.
»Hier, nehmt einen Krug Wein. Wohlverehrten Gästen schenken wir gerne ein.« Sie verstehen sich auf Anhieb.
»Erzählt, Magister Hus, wie geht es Euch? Erklärt uns doch bitte Eure Forderungen!«
»Das will ich gerne tun!« Und Hus erzählt ausführlich, was ihn empört und was seiner Ansicht nach dringend reformiert werden muss: »Die doppelzüngige Moral vieler Geistlicher erzürnt mich maßlos. Sage mir, was zu den eigentlichen Aufgaben eines Priesters gehört! Ich glaube, wir sind uns sofort einig: Die Priesterschaft muss das Evangelium Jesu Christi wahrhaftig predigen. Der Priester soll anderen ein gutes Beispiel geben, er muss in der Heiligen Schrift studieren und für seine Amtshandlungen darf er kein Geld kassieren.« Und als Hus sagt: »Welcher Priester besser ist als der andere, das liegt nicht am Rang eines geistlichen Würdenträgers, sondern an seiner Lebensführung«, können sie ihm nur zustimmen, denn auch sie möchten keine Geistlichen, die sich nicht im Geringsten um die Nöte ihrer Gemeindeglieder kümmern, die mit dem Verkauf von Heilsversprechen wie dem Ablass, beim Spielen und Zocken Reichtümer anhäufen und prassen, die sich mit Freudenmädchen amüsieren oder mit heimlichen Geliebten zusammenleben, die sich sogar weigern, Kinder zu taufen oder Tote zu bestatten, wenn die An-

gehörigen nicht zahlen können, vor Gewalt und Totschlag genauso wenig zurückschrecken wie gemeine Räuber und Mörder...«

»Danke, lieber Meister, für Euren Besuch! Eure Kraft gefällt mir!« sagt der Pfarrer beim Abschied. »Ich sehe in Euch einen alten, wenn auch unbekannten Freund. Mögen auch in Konstanz Eure Worte die Herzen der Kirchenmänner erreichen.«

Über Störnstein und Neustadt zum Etzenrichter Schulhaus

Sie ziehen weiter bergauf, bergab, wandern durch Neustadt an der Waldnaab entlang friedlicher Fischweiherufer, vorbei an schattigen Waldsäumen, bis kurz vor Störnstein eines der Zugpferde sein Hinterteil aufbäumt und vor Schmerzen schreit. Thomas springt vom Wagen, um den Eingeklemmten zu beruhigen. Die Deichsel des Wagens, der schneller rollte, als er lief, war unter die Pferdeflanke geraten.

»Stůj!«, flüstert er dem verängstigten Gaul mit sanfter Stimme ins Ohr und krault ihm geduldig den Schopf, so lange, bis Marek und Johann behutsam das Zuggeschirr lösen können und die Wagenzugstange zu Boden drücken. So kann Thomas das Tier nach vorn abführen und befreien.

»Ihre Besonnenheit war ein Meisterstück, Thomas!«

Mit überraschender Einsicht über mögliche Gefahren ziehen die Reisenden weiter bis Etzenricht, wo sie Unterkunft beim Schulmeister finden. Der lädt herzlich zum Festmahl mit der Dorfgemeinschaft im Schulhaus ein und lässt seine Schüler eine Ode an die Pilgerschaft vortragen. Bis weit in den Abend unterhalten sie sich über die Reise, die Erlebnisse des Tages, über die Psyche der Pferde, über die Kunst der Rhetorik und schließlich über das Bildungssystem.

»Ach ja«, seufzt der Schulmeister. »Bildung ist ein wichtiges Gut. Das Land braucht gut ausgebildete Leute. Die Lateiner wissen das. Ihr Nachwuchs lernt ausschließlich die Gelehrtensprache, um Theologie zu studieren. Inzwischen werden kleine Winkelschulen in deutschen Landen eingerichtet, die nicht von der Kirche unterhalten werden, in denen auch Kinder einfacher Leute Lesen und Schreiben lernen.«

»Tatsächlich, alle Kinder?«, staunt Mila.

»Nein, nur für die Knaben, deren Eltern das Schulgeld bezahlen können«, bedauert der Lehrer. »Und leider haben die Winkelmeister selten eine pädagogische Ausbildung. Mit strenger Hand fordern die Zuchtmeister: auswendig lernen, spuren oder es setzt Prügel.«

»Da scheut doch gleich jedes Pferd!«, winkt Thomas verständnislos ab.

»Peter, wie geht es dir in Prag an der Universität? Erzähl!«

»Wie viel gelernt wird, hängt von der Neugier und vom Ehrgeiz der Studenten ab. Es gibt die Strebsamen wie die rüpelhaften Narren. Es wird gestritten und gerungen wie überall. Wortkämpfe werden geführt über bestimmte Themen. Die alten Texte der griechischen Philosophen oder die modernen Lehrmeinungen wie die von Wyclif, obwohl der mittlerweile verboten ist, bieten Unterrichtsstoff in Fülle. Drei Jahre lang studieren die Scholaren der artistischen Fakultät die Künste der Grammatik, der Rhetorik und der Dialektik. Ich bin mit dem ersten Teil des Studiums fertig, ich bin nun Euer Lehrling, ein Bakkalaureus. Jetzt werde ich noch zwei Jahre im Quadrivium Mathematik, Geometrie, Astronomie und Musik studieren. Nebenbei könnte ich die jungen Studenten unterrichten, um etwas Geld zu verdienen, denn das ist immer knapp.«

»Ja, ja«, sagt Hus, »als Student verdiente ich mir ein wenig Zubrot als Chorsänger oder als Dienstbote der Chorherren, deren Öfen ich heizte.«

»Wenn ich den Magistergrad erreiche«, fährt Peter fort, »könnte ich an der höheren Fakultät Theologie, Recht oder Medizin studieren und wäre dann Lehrer mit allgemeiner Lehrbefugnis.«

»Na, viel Erfolg, mein Lieber. Du bist ein ausgezeichneter Beobachter und wirst sicher ein wortgewandter redlicher Theologe werden!«, wünscht Hus und bestätigt: »Am Rahmen hat sich nichts geändert. Das war auch mein Weg vor 24 Jahren, aber sicher aus anderen Gründen.«

Mila schluckt, denn sie mag Peter sehr gern und muss unwillkürlich an das Zölibatsgebot denken, das ein Priester ablegen muss.

15. Oktober 1414 … und über Weiden

Während der nächsten Etappe setzt sich Mila zu Thomas und Jan Hus auf den Kutschbock. »Lieber Magister, bitte, ich möchte genau wissen, was ihr gestern Abend gemeint habt!«

»Du meinst, meine Beweggründe, mich für den Priesterberuf zu entscheiden oder anders über dieses Amt zu denken?«

»Radikal die Sichtweise ändern und quer denken!«, bekräftigt Mila.

»Nun, mein Kind, ich bekenne mein gewinnsüchtiges Streben, es war keines, was mich berechtigte, mich einen Mann Gottes zu nennen. Arglos hatte ich auf der Hohen Schule die Vorträge der Magister über Demut, Duldsamkeit und Armut, auch über die Tapferkeit und über andere Tugenden, über die sie emsig sprachen, als wenn sie nichts auf der Welt für ersprießlicher hielten als dies, gehört. An all ihrem Tun konnte ich jedoch keine moralische Gesinnung bei ihnen selbst wahrnehmen, nur viel Selbstherrlichkeit, Geiz, Unduldsamkeit und Feigheit. Viele Männer in geistlichen Ämtern sind Söhne reicher Familien und erkaufen sich ihre Spitzenämter. Durch diese Praxis, die Simonie, ist die Kirche reich geworden. Der Kirche gehört mehr als das halbe Land. Schafe zu hüten und zu schützen, wie Christus lehrt, das haben diese Hirten nie gelernt.«

»Hat denn niemand dagegen protestiert?«, fragt Mila fassungslos.

»Doch, doch, ich war nicht der Erste. Viele mutige und fortschrittliche Menschen haben den Boden für die Protestbewegung bereitet. Widerstandsbewegungen gab es immer wieder im Laufe der Kirchengeschichte, auch wenn sie verfolgt und blutig niedergeschlagen wurden. Die Waldenser zum Beispiel leben versprengt in vielen Winkeln Europas, weil sie in der ursprünglichen Heimat die Amtskirche gegen sich aufbrachten. So wirken die Nachkommen der Südfranzosen im Stillen auch im Böhmerland und predigen das freie Wort, die Frohe Botschaft, wenn auch im Untergrund. Konrad Waldhäuser, ein anfangs sogar von Kaiser Karl IV. geförderter Theologe, entwickelte sich zu einem einflussreichen Reformprediger. Ebenso sein tatkräftiger Mitstreiter Johann Militsch von Kremsier, der in Prag eine eigene, vorbildlich geführte Pfarrei für die Unterschicht gründete, die er aufbruchsvoll ›Neues Jerusalem‹ nannte. Sie alle kritisierten die Missstände des Klerus.«

»Aber wie kam es, dass sich so viele Menschen ausgerechnet von Euch angesprochen fühlten?«, hakt Mila neugierig nach.

»Nun. Nachdem ich in der Universität zum Dekan ernannt wurde, predigte ich täglich in der St.-Michael-Kirche, saß im Beichtstuhl und hörte die Sorgen und Nöte der Prager Bürger. Die letzte Pest-epidemie war noch nicht lange vorüber. Ganze Landstriche waren entvölkert, wer das große Sterben überlebte, musste hungern. Auf der Suche nach Arbeit zogen die Menschen in die Hauptstadt, doch auch dort ging es ihnen nicht besser. Handwerker wie Schmiede, Schlosser, Gerber, Bierbrauer und andere Ehrbare bauten südlich der Altstadt ihre dürftigen Hütten. Wie die Bauern schufteten sie von früh bis spät, verdienten nur spärlich und mussten der Obrigkeit hohe Abgaben entrichten. Selbst der niedere Adel hatte sich verschulden müssen. Nur die Reichen wurden immer reicher. Bis heute hat sich leider nichts daran geändert. Ich kenne die Not aus eigener Erfahrung, meine Eltern waren arm und als Student habe ich oft gehungert und gefroren.

Vor zwölf Jahren wurde ich als Prediger an die Bethlehemskapelle berufen. Das war ein sehr besonderer Ort, an dem ich Menschen aus den unterschiedlichsten Schichten erreichen konnte und auch sollte, denn es war ausdrücklich erwünscht, während der Predigt auf Fragen und Zurufe der Anwesenden einzugehen.

Das Besondere an der Bethlehemskapelle war nämlich, dass die Predigt in tschechischer Sprache gehalten werden sollte. Zwei Prager Bürger hatten im Jahr 1391 das moderne Gotteshaus gestiftet. Und so war diese Kapelle nie eine Pfarrkirche. Sie war auch keinem Heiligen geweiht, hatte keinen Altar und keine Schranke trennte die einfach gekleideten Geistlichen von den Gottesdienstbesuchern. Die freie Verkündung war Kern des Gottesdienstes. Bethlehem nannten sie es, das Haus des Brotes, weil dort die Seelen der einfachen Bürger gesättigt werden sollen.

Der Andrang der Gläubigen zu meinen Predigten war dermaßen groß, dass ich sie sonntags bis zu fünfmal halten musste. Wir haben gemeinsam viel gesungen, vor allem die Psalmen, aber auch tschechische Lieder. Die Wände ließen wir mit biblischen Motiven und Liedtexttafeln bemalen und weil das Gebäude 3000 Menschen fassen konnte, nutzten wir Universitätsprofessoren die Halle ebenso für wissenschaftliche Disputationen. Hier konnten wir alle Themen erörtern. Ich berief mich dabei stets auf die Bibel.

Mein Schicksal war die Begegnung mit den Reformgedanken des vor dreißig Jahren verstorbenen Oxforder Professors John Wyclif. Ich verschlang seine Sätze und Thesen gegen die erstarrten kirchlichen Rituale, die Machtstellung der Geistlichen und den Anspruch des Papstes, unfehlbar zu sein. Irgendwann reicht es den Menschen und sie beginnen sich gegen Ungerechtigkeit und Unterdrückung zu wehren. Es braucht nur einen Funken …«

»Haltet ein!«, hören sie plötzlich eine fremde laute Männerstimme rufen. Die beiden unterbrechen erschrocken ihr Gespräch.

»Ihr betretet das Weidener Stadtgebiet.« Der Fremde in Uniform, der sich dem Tross in den Weg stellt, hebt seine Flügellanze. »Ich bin Stadtführer. Nennt mir euer Anliegen, wenn es der Stadt von Vorteil ist, so werde ich euch sicher hineinführen, hindurchgeleiten und euch auf dem richtigen Weg hinausleiten!«

Der gerüstete Bursche führt Jan Hus und seine Begleiter zur Michaelskirche, in die der Dekan und der Bürgermeister alle staunenden Schaulustigen und Durchreisenden zur Andacht einladen. Peter zwinkert. In seiner Schreibmappe verwahrt er neben den wichtigen Dokumenten und Flugblättern auch Liedtexte von Hus, die er vervielfältigt hatte. »Wollen wir das Gnadenlied singen, das ihr übersetzt und an die Wände der Bethlehemskapelle habt malen lassen?«

Und die Böhmen singen:

Jezu Kristê štĕdry Knĕže s otcem s duchem jeden bože
stĕdrost tva' jest naše zbožíʼ z tveʼ milosti.

Die Weidener lauschen andächtig und singen fröhlich mit, denn gemeinsamer Gesang verbindet.

»Und seid gewiss, wir fühlen uns mit euch im Glauben verbunden.«

Kohlbergs Köhlerkinder

Am nächsten Tag ziehen sie früh weiter.

»Hier, nehmt frisches Brot mit warmem Käse und Bier als Wegzehrung!«, rufen die Einwohner dankbar. Und der froh gestimmte Stadtführer begleitet die Reisegruppe bis weit hinter das Stadttor.

»Erstaunlich, wie gern mich die Deutschen haben und wie höflich sie uns empfangen. Und das, obwohl keiner von ihnen unsere Reformideen angenommen hat«, wundert sich Hus.

Die Reisenden waren noch gar nicht weit gekommen, da versperren ihnen gleich vier bewaffnete Lanzenträger den Weg.

»Anhalten!«, fordern die Stadtwachen. »Wou wöllt's denn hii? Und voo wou kommt's heer? Woos is enker Áááftrooch und Begehr? Wir müssen wissen, wie euer Auftrag lautet.«

Hus erklärt den Oberpfälzern ihr Anliegen.

»Was? Pfaffen wollen zum König, so ein Schwindel. Das erklärt mal gut unserem Schulzen von Kohlberg und wehe dem, ihr seid nur Gesindel!«

Unter Begleitschutz muss der Tross an neugierigen Anwohnern vorbei zum Rathaus marschieren. Die Kinder des Köhlers rennen nach Hause, um dem Vater von dem Aufmarsch zu erzählen, woraufhin der flugs das Wildfleisch versteckt. »Los, räumt auch die Eier und den Speck weg, wer weiß, ob die uns das Essen stehlen wollen!«

Des Köhlers Frau schimpft: »Immerzu denkst du nur an deinen Ranzen. Die wollen doch nichts Böses, das siehst du doch. Die werden müde und durstig sein von der Fahrt, wir müssen denen etwas zu trinken geben und einen Platz zum Ausruhen.«

»Recht hast du, Liesl, das ist guter alter Brauch. Kinder, holt Wasser und Milch.«

Nachdem Hus beim Bürgermeister vorspricht und mit dem Ortspfarrer diskutiert, der den böhmischen Ketzer am liebsten sofort aus dem Ort schicken will, bieten Liesl und ihre Kinder den Ankömmlingen eine Erfrischung an.

»Seid Ihr wirklich der echte Magister Hus?«, fragt die Köhlerfrau neugierig, »wir haben gehört, dass Sie der Kirche mit ihrer neuen Lehre viel Verdruss machen.«

»Ich sag nur die Wahrheit, fordere Freiheit und ein frommes Leben, denn Habsucht, Laster, viel Besitz darf es unter dem Kreuz doch nicht geben! Meine Meinung werde ich vor dem König und dem Papst bekennen.«

Liesl ruft in die Menge: »Mensch, der wäre der rechte Mann für unser Land! Mit Herzblut, Weisheit, Mut und viel Verstand. Schade, so ein gescheites Mannsbild ist Priester geworden und damit für die Weiberwelt für immer verloren!«

Hus schmunzelt.

Da drängt sich ein fahrendes Händlerpaar laut rufend durch die Menge. Er, mit einer Rückenkraxe voller Waren, bietet die verschiedensten brauchbaren Gegenstände an, sie mit Tüchern und Tischchen die Wahrsagekunst.

Hus wehrt ab: »Nein! Ich glaube nicht an diese Kunst. Gott hat uns vor Zeiten das Schwören, Zaubern, Lügen und Trügen verboten!«

Doch die Wahrsagerin lässt sich nicht abwimmeln. »Deine Zukunft liegt schon in dieser Kugel!«, und sie lüftet geheimnisvoll das Tuch: »… Ich sehe in ihr voller Schrecken, wie dich höllische Flammen zudecken! Am Scheiterhaufen wird dein Leben enden, tust du nicht sofort deine Wege wenden!«

»Hör auf, alte Hexe!«, mahnt Hus. »Ich glaube nicht an diese Prophezeiung, der König hat mir Geleitschutz versprochen!«

»Kehr um, noch ist Zeit!«, verheißt die Frau hinter der Kugel.

»Nein, ich muss diesen Weg gehen!«, erwidert Hus. »Mein Schicksal liegt in Gottes Hand.«

»Dann lauf zu!«, ruft die Wahrsagerin kopfschüttelnd. »Lass den Herrgott walten! Reisende und Narren kannst eh nicht halten!«

»Das war ein dreistes Schauspiel«, denkt Mila, »oder hat die Frau doch recht?«

Das wärmende Feuer von Hirschau

»Wir kehren nicht um. Das wäre doch gelacht. Auf dem Konzil treffen die gescheitesten und einflussreichsten Männer Europas zusammen, von denen man annehmen sollte, dass sie den Scharfmachern die Stirn bieten. Sigismund ist an einer Einigung gelegen. Oder was sagst du, mein lieber Kardinal?«, fragt Hus seinen nachdenklichen Freund Johannes Reinstein, als sie hinter Kohlberg auf einer breiten Strecke vorneweg reiten.

»Das Volk, das dir zujubelt, hat nichts zu verlieren, doch die Eifrigsten von denen, die, die dich verdammen, alles.«

Milas Schwarzer läuft langsamer als in den ersten Tagen und fällt zurück. Auch der Himmel ist betrübt. Sie durchqueren ein dichtes Waldstück, als Milas Reittier völlig lahmt. Besorgt klettert sie vom Pferderücken.

»Jeronimo, du hast ja dein Eisen verloren!« Mila krault den Hinkenden, nimmt ihn an die kurze Leine und läuft im Schritttempo nebenher. Noch hat niemand ihr Zurückbleiben bemerkt. Mila läuft und läuft, bis sich der Weg gabelt.

»Marek!«, ruft sie verunsichert. »Wohin? Jeronimo!« Doch der hat gerade überhaupt keine Lust, seinen Spürsinn einzusetzen.

»Hoffentlich kehrt Marek zurück. Wenn ich nur wüsste, wo Südwesten ist?«, fragt sich Mila mulmig.

Der Sonnenstand verrät nichts, dunkle Haufen voller Wolken brauen sich über dem Frankenwald auf. »O nein! Regen verwischt jede Spur.« Mila fröstelt. Flink schnürt sie den zusammengerollten Umhang vom Gürtel, wirft das wollene Tuch über ihre Schulter und nestelt es mit der Fibel zusammen.

»Es muss doch Spuren geben!«, sagt sie sich und greift Jeronimo am Zügel. Sie wählt den linken Weg, senkt suchend den Blick und entdeckt nach etlichen Schritten eindeutige Abdrücke von Pferdehufen und einen noch dampfenden frischen Haufen Pferdeäpfel.

»Wenigstens haben die Pferde daran gedacht, den Weg zu markieren!«, jubelt Mila und holt ihre Reisegruppe an einer Anhöhe wieder ein, an der die Wagenlenker stoppen mussten, um eine blockierende Wagenbremse zu lockern.

»Mila, da bist du ja. Hoffentlich finden wir in Hirschau einen patenten Schmied!« »Und etwas zum Unterstellen!«

Denn schon prasselt ein Schauer wie aus Badezubern nieder, der Loden und Sattelzeuge durchnässt. Triefend erreichen sie die nächste Stadt. In der Schmiede finden sie den Meister am glühenden Feuer, lassen Jeronimos Huf neu beschlagen, wärmen sich auf und lassen ihre Sachen trocknen.

Die langen gewalkten Umhänge hatten sie eine Weile vor dem Regen geschützt. Doch die ledernen Schuhe und bodenlangen Säume der Gewänder, die in die schlammigen Pfützen getaucht waren, glichen eingeweichten Hadern, bleischwer mit sumpffarbigen Batikmustern. Mila drapiert Hussens weiten Mantel mit den Flügelärmeln sorgfältig auf einer hohen Stuhllehne, stülpt sein rotes Barett über einen Kürbis und hängt die übrigen nassen Sachen auf Trockenstäbe über dem Ofen.

Im Licht von Kienspanfackeln repariert der eifrige Schmied das Bremssystem, zimmert neue Bremsholzklötze und philosophiert über die Verhältnismäßigkeiten, während er den Bremsklotz aufzieht:

»Mit dem Wasser und dem Feuer verhält es sich wie mit dem Eifer. Zu viel zerstört gleich wie zu wenig. Fanatismus ist eine Sünde, es

darf nicht sein, dass züngelnde Eiferer anderen Menschen die Luft zum Atmen nehmen, um ihr eigenes Feuer anzuheizen.«

16. Oktober 1414 · Im Sulzbacher Stadtrat

Die aufgeweichten Böden erschweren ein schnelles Vorankommen. »Dieser elendige Matsch!«, fluchen die Kutscher. Etliche Male müssen die Männer die beiden Wagen aus dem Schlamm schieben. Einen schweren Stamm, der quer über den Weg gestürzt war, können sie mit vereinten Kräften mühsam zur Seite schieben.

In Sulzbach passieren sie das Zollhaus ungehindert. Vor dem Rathaus strömen die modisch betuchten Bewohner der Stadt neugierig herbei und fragen neugierig: »Seid ihr der berüchtigte Irrlehrer?«, während im Gasthaus gerade das Landgericht tagt.
»Lasst uns einkehren, ich fürchte mich nicht!«, sagt Hus.
»Magister Hus, da sitzen hohe Beamte des Staates«, warnt Ritter Chlum.
»Vor den Ratsherren und Stadtrichtern habe ich nichts zu verbergen, sie können mich persönlich und meine Meinung ruhig kennenlernen.«

»Sehet, ich bin Magister Johannes Hus!«, ruft er, als er selbstbewusst in die Stube tritt, »der, von dem ihr, wie ich vermute, viel Schlimmes werdet gehört haben. Ob dies begründet ist, könnt ihr jetzt erfahren. Keiner meiner Gegner soll sagen, ich kneife.«
Und die Männer debattieren freundlich miteinander, aber spitzen die Ohren und hören dem Magister aufmerksam zu, ob sie ihn nicht doch bei einer verkehrten Aussage ertappen würden.
»Kommt, wir suchen schon mal einen Stallplatz für die Pferde, denn das hier kann wieder dauern«, sagen sich die Fuhrknechte. Unterhalb der Stadtmauer finden sie einen umzäunten Weideplatz, auf dem die Pferdeburschen die Vierbeiner putzen und trocknen und ihnen Sattel und Trensen abnehmen. Marek und Thomas kontrollieren vorsichtshalber alle Hufe. Alle Eisen sitzen fest. Schmatzend fressen die Pferde aus den Hafersäcken, während Mila ihr Messer aus der Gürteltasche zieht und auf einem Tuch Brot und Wurst ausbreitet und ein paar der rotbackigen Äpfel entkernt, die sie unterwegs von freundlichen Bauern als Wegzehrung zugesteckt bekamen.
»Ein wenig Pause täte dem Magister auch ganz gut«, meint Mila. »Auf, wir schauen nach einem Quartier für die Nacht und etwas Geselligkeit.« Sie reservieren Zimmer im Gasthaus »Zum roten Krebs«,

schlendern über den Marktplatz, bestellen in der Klosterschänke am Spital einen Krug fränkisches Bier und gesellen sich zu den anderen Gästen. Vom Schlosshof her tönt fröhliche Tanzmusik aus Lautenklängen, Dudelsackpfeifen und Trommelwirbeln.

»Schade«, seufzt Mila, »dass Peter die Musik nicht hören kann. Er wird bestimmt die halbe Nacht lang Berichte schreiben.«

17. Oktober 1414 · Lauffeuer in Lauf an der Pegnitz

Die Pilger ziehen weiter. Ihr Weg führt über Pommelsbrunn und Hersbruck. Während Hus und seine Begleiter von gesprächsfreudigen Einwohnern begrüßt und ausgefragt werden, stoppen auch die Pferde regelmäßig, um zu verschnaufen, an Wasserschänken zu trinken und das Heu zu fressen, das ihnen die Pferdeburschen vor die Füße legen. Grabštyn jedoch entdeckt den Strohhut einer Bäuerin, die am Brunnen Wasser schöpft. »Grapsch!«, macht der, beißt zu und kaut schmatzend an einer halbrunden Ecke des Flechtwerkes, die nun dem Frauenhut fehlt.

»Verzeiht vielmals, werte Frau! Wie kann ich den Schaden wieder gutmachen?«

»Lasst gut sein, verehrter Herr Hus«, entgegnet die Frau lachend. »Die zerrupfte Krempe wird mich allzeit an unsere Begegnung erinnern.«

Am Abend erreichen sie die Stadt Lauf, die das Kommen und Ziehen königlicher Reisegruppen schon oft erlebte, und nehmen gleich hinter dem Stadttor Quartier in der Fürstenherberge »Zum wilden Mann«. Im Hof des zweistöckigen Fachwerkhauses spannen sie die Pferde aus und führen sie in die großzügig angelegten Ställe.

»Empfangt Herrn Hus wie einen Ehrengast!«, weist die Wirtin ihr Personal an. »Es soll ihm an nichts fehlen!«

Johannes und Peter laufen geschwind zur Kirche am Unteren Marktplatz, um den Zweck ihrer Reise bekannt zu machen. Sie kleben den in Deutsch und Lateinisch geschriebenen Anschlag mit Mehlkleister an die Kirchentür, mit der Aufforderung an all diejenigen, die ihm

einen Irrtum oder eine Ketzerei vorwerfen wollen, sich ihm auf dem Konzil in Konstanz zu stellen.

Die Nachricht verbreitet sich schnell und den herbeigelaufenen Einheimischen gefällt die deutsche Bekanntmachung. »Wo ist der Meister? Können wir mit ihm sprechen. Wir sind einfache Bürger und kennen uns nicht gut aus in religiösen Fragen. Was ist denn der Kern des Evangeliums?«

»Kommt ›Zum wilden Mann‹ in die Gaststube!«, erwidert Peter. »Beim Abendessen können wir reden.«

In einer großen Runde stellen die Bürger neugierig Fragen. Hus spricht mit ihnen über den Glauben und das wichtigste Gebot: das der Nächstenliebe.

»Mit allem, was ich vermag, will ich den Menschen die wahre Botschaft der Heiligen Schrift nahebringen. Ich will, dass das ganze Volk Gottes Wort versteht. Wenn wir nicht selber lesen, den eigentlichen Sinn begreifen und nach der Wahrheit suchen, kann man uns viel erzählen, denn nichts vom Machtanspruch der Kirchenfürsten steht in der Bibel. Im Gegenteil. Dort steht zu lesen, dass Christus in einem Stall zur Welt kam. Unser König war nicht in prachtvolle Kleider gehüllt, seine Mutter wickelte ihn in Leinentücher. Es umgab ihn kein Stab von Günstlingen. Hirten teilten den Platz neben ihm. Wollt ihr unserem König etwas geben, gebt den Armen, so gebt ihr Ihm!«

Dazu legt er ihnen die Zehn Gebote ans Herz und erklärt ihre Bedeutung für das Zusammenleben der Christen, denn ein jeder soll bei sich selbst anfangen, wenn er die Welt verbessern will.

»Der Magister ist schon sehr besonders«, denkt Mila. »Der blickt in die Herzen der armen Menschen.«

»Peter, wie viele Abschriften haben wir noch? Gebt zum Abschied jedem interessierten Bürger ein Blatt meiner Fassung der Zehn Gebote!«, bittet Hus. Peter schaut in die Aktenmappe und stößt einen Seufzer aus: »Meister, ich werde heute Nacht noch einiges am Schreibpult zu tun haben!«

»Ich werde meinen Glauben bezeugen, an den ich mich bis jetzt gehalten habe, an dem ich festhalte und mit Hilfe des Herrn Jesus Christus bis zu meinem Tode festhalten werde«, erklärt Jan Hus den beeindruckten Bürgern, die von seinen ehrlichen Worten erstaunt waren.

»Ich bin ein großer Kenner des Rechtes«, bekennt der Pfarrer. »Ich bewundere Ihren Mut, sich wie David einem Goliath gegenüber stellen zu wollen!«

19. – 24. Oktober 1414 · In der Kaiserstadt Nürnberg

Nürnberg heißt ihr Tagesziel und da es nur knapp 2 ½ Meilen von Lauf entfernt liegt, erreichen sie die alte Reichsstadt schon am frühen Nachmittag. Die mächtige Kaiserburg thront über der reichen Handelsstadt. Vor der Stadtmauer am Ufer der Pegnitz drehen die wuchtigen Schaufelräder der Gleismühle ihre Kreise, die die Räder der Hammerwerke antreiben. Eintönig, dumpf dröhnend schlagen die schweren Klötze auf, um unter sich den eingeweichten Hadernbrei zu winzigen Fasern zu zermalmen. Mila hält sich die Nase zu: »Wie übel können nasse Lumpen riechen? Zum Glück steht diese Werkstatt vor der Stadt!«

»Das ist die erste Papiermühle, die in deutschen Landen das neue Material zum Schreiben herstellt. Diese Papiere sind preiswerter als die Papierimporte aus Italien und wesentlich kostengünstiger als die fein gegerbten Pergamente aus Lammfell oder Ziegenfellen«, erklärt Peter und bekommt leuchtende Augen: »Ich will schauen, ob ich im Kontor einen Stapel Schreibpapier kaufen kann« sagt er zu Meister Hus, »denn unser Vorrat ist durch die vielen Abschriften und Briefe, die ihr bereits geschrieben habt, ziemlich geschrumpft.«

In der Stadt hatten schneller reisende Kaufleute schon von ihrer baldigen Ankunft berichtet.

»Was will dieser ketzerische Bösewicht bei uns? Fort mit ihm!«, rufen einige hohe Herren und Patrizier.

»Kennt ihr den böhmischen Gelehrten? Weshalb sprecht ihr abfällig von ihm?«, kontern andere.

»Wir wollen ihn wenigstens sehen und begrüßen!«

Viele Schaulustige drängeln sich durch die engen Gassen und warten am großen Marktplatz. Die Pfarrer der Lorenzkirche und von St. Sebald und andere hohe Herren wünschen, mit Hus privat zu disputieren.

Hus entgegnet: »Ich predige öffentlich und wünsche, dass alle hören, die es wollen! Wir haben genug Zeit. Wir werden in dieser interessanten Großstadt einen längeren Aufenthalt einlegen.«

So verabreden sich die Nürnberger Honoratioren zu einem Gespräch in der Sakristei der Lorenzkirche. Vier Stunden lang bis zum Dunkelwerden debattieren sie gemeinsam über Hussens theologische Ansichten. Während der Disputation fehlt es nicht an Widersachern und Gegenrednern, doch dieses anregende Streitgespräch gefällt den Anwesenden besonders gut und sie erklären: »Wahrhaftig, Magister Hus, was wir da eben gehört haben, ist katholisch. Wenn nichts anderes gegen Euch ist, werdet Ihr ganz gewiss mit Ehren vom Konzil zurückkehren.« In Freundschaft bitten die Nürnberger beim Abschied »Kommt wieder und haltet Rast bei uns!«

»Versprochen!«, sagt Hus.

Am Abend schreibt er auf einem neuen Bogen sogleich an seine Freunde in Böhmen:

»Wisset, dass ich bisher keinen Feind gespürt habe. Ich bekenne also, dass nirgends die Feindschaft größer ist als bei den Bewohnern Böhmens. Ferner stellte ich mit großer Verwunderung fest, was man über mich weiß. Das Volk lief mir allerorten entgegen, um mich zu sehen und meine Reden und Predigten zu hören. Man befürchtete sogar nicht, dass man durch meine Anwesenheit unter das Interdikt gerät, das Verbot kirchlicher Amtshandlungen. Ich werde nicht länger auf Sigismunds Boten warten und ohne den Geleitbrief direkt nach Konstanz fahren.«

25. Oktober 1414 · Am Altmühlsee bei Gunzenhausen

Ritter Wenzel von Dauba sorgt sich sehr: »Magister Hus, ich trage Verantwortung für Eure Sicherheit. Wir haben immer noch keinen schriftlichen Beleg des Königs. Ohne seinen Schutzbrief in Konstanz einzutreffen, könnte Euch zum Verhängnis werden!«

»Ich will nicht länger warten, Ihr seht doch, wie freundlich mich die Deutschen empfangen, mir wird nichts geschehen. Denkt doch auch an unsere Reisekosten, die werden sich beträchtlich erhöhen, wenn wir nicht zügig weiterkommen. Ich muss jetzt schon Bittbriefe an meine Freunde schreiben, damit wir weitere Spenden erhalten.«

Ritter Dauba aber hört auf sein ungutes Gefühl und reitet auf dem schnellsten Weg nach Speyer, um den Geleitbrief von König Sigismund persönlich zu holen. 60 Meilen liegen vor ihm.

Mit seinem Tross schlägt Hus den südwestlichen Weg durch Schwaben ein. Der Weg ist weiterhin breit genug für zwei sich entgegenkommende Ochsenkarren, obwohl sie nun den königlichen Reichshauptstadtverbindungsweg verlassen.
An einer Raststelle tränkt ein Kurier sein unruhiges Pferd, trocknet sein Fell und salbt ihm Kopf und Hals. »Brav!«, beruhigt der Bote. »Ruhig. Das Öl hilft doch gegen die lästigen Plagegeister!«
Mila fragt neugierig nach dem Präparat.
»Ich verwende Schwarzkümmelöl, ihr müsst nur einige Tropfen pur auf die gefährdeten Stellen geben, das hilft, Pferdebremsen und Fliegen abzuwehren. Mein Guter wird wild und unberechenbar, wenn ihn die Insekten umschwirren und stechen. Das kann gefährlich werden. Habt ihr schon gehört, dass unser römischer Papst auf der Anreise zum Konzil gerade einen Unfall hatte? Auf dem Säumerweg am Arlberg fiel der Heilige Vater samt seinem Wagen in den tiefen Schnee!«
»An einer Bremsenattacke kann es bei den Temperaturen aber nicht gelegen haben«, meint Chlum und fragt mit Interesse, ob Johannes dem Dreiundzwanzigsten Schlimmeres passiert sei.
»Nein, Glück hat er gehabt, dass die Kutsche nicht tiefer von der unwegsamen Passstraße stürzte. Doch statt Gott zu danken, soll er unbotmäßig geflucht haben, dass der Teufel seine Finger im Spiel habe. Nur so fängt man Füchse, soll er zornig geschrien haben, als ob das Konzil ihm diese Falle stellte.«
»Er fürchtet sein Schicksal«, kommentiert Chlum, »denn er könnte demnächst noch tiefer fallen!«

Hinter der nächsten Ortschaft treffen sie auf eine riesige Handelskarawane, zehn Pferdegespanne, die von Pferdeführern geleitet werden, mit vollbeladenen Planwagen, begleitet von einem Tross Reitern, Bannerträgern und Händlern mit Rückenkiepen und Tragegestellen voller Waren.
»Wohin des Weges?«, grüßen die Männer freundlich und berichten, dass sie bislang gutes Glück mit dem Wetter hatten, die Herbststürme im Süden noch nicht eingesetzt haben und sie mit dem Kaufmannszug der Ravensburger Handelsgesellschaft über Nürnberg bis nach Prag ziehen, um dort Geschäfte zu machen. »Und womit handelt ihr?«

»Wir handeln nicht mit irdischem Gut. Wir handeln im wahrhaften Wort Gottes!«, erklärt Chlum.
»Dann seid ihr Pilger! Von denen ziehen hier viele entlang auf der südöstlichen Route über Konstanz und die Alpen bis Santiago de Compostela. Mit den frommen Pelerinenträgern lässt sich gutes Geld verdienen. Gott zum Gruße!« rufen die vorbeiziehenden Händler.
»Gott schütze Euch auf Eurem Weg nach Prag!« wünscht Hus wehmütig.
Mila hört neugierig zu, als Peter vom Jakobsweg erzählt, von den Menschen, die sich zu Fuß auf den Weg bis an die spanische Küste machen, zu erkennen am Stab und der Muschel.
»Und warum tun sie das?«
»Weil sie ein Gelübde abgelegt haben oder ihre Dankbarkeit zeigen wollen und Versöhnung mit Christus suchen. Und überall in den Orten müssen sie essen und nächtigen. Auch die Klöster und Spitäler geben ihnen gern Logis gegen eine kleine Spende.«

Der Wald lichtet sich, vor ihnen liegen die Auen des Altmühltals.
»Früher grasten hier noch Elche«, erzählt ihnen ein fischfasskarrender Mann, den sie auf einer Brücke kurz vor dem Stadttor Gunzenhausens treffen. »Alcmona nannten ihn die Kelten, den Fluss der Elche. Die Römer siedelten hier im Bavarischen auch schon, unten in der Furt liegen römische Pflastersteine. Und ein paar Meilen weiter südlich durchquert man wieder schwarzen Alemannenwald, dort, wo die Urahnen an heiligen Stätten die Götter verehrten, bevor die Frankenkönige verfügten, dass irische Mönche das Volk mit Wasser taufen dürfen. Aber was erzähle ich, ihr sucht sicher Quartier für die Nacht. Ich kann euch mein Wirtshaus am Färberturm empfehlen.«
Während die Durchreisenden nach dem Abendessen in der Gaststube bleiben, um mit dem Wirt weiter zu plaudern, erkunden Mila und Marek die Umgebung. Am Altmühlseeufer beobachtet Marek einen Storch, der durch die sumpfigen Wiesen stakst, während sich Mila unter dem Blätterdach einer stämmigen Eiche niederlässt, um im Licht der alles in Gold tunkenden Sonne zu träumen. »Welch eine himmlische Ruhe und Harmonie!«
»Haben Sie auch die Störche gesehen?«, fragt eine unbekannte Männerstimme. Mila erschrickt.
»… die müssten längst fortgezogen sein, weil die Kälte des Winters sie umbringen wird«, sagt der freundliche Fremde mit sonnengegerbtem Gesicht und braunen Flecken und Schwielen an den Händen, der plötzlich neben ihr steht. Mila fasst Mut. »Ein Naturfreund

wie ich«, denkt sie, »und Schwerarbeiter.« Über die Wetterlage kommen sie ins Gespräch, erzählen vom Umherziehen, vom Alltagsleben, von der Familie, er von den Kindern, den quirlig lieben, und der Frau.

»Ach nein, diese Frau«, sagt er schließlich resigniert und traurig, »ich weiß nicht weiter, sie ist so kalt wie Eis, zänkisch und faul. Ich arbeite und schaffe und nichts mach ich ihr recht …«, und er redet sich seinen Kummer von der Seele. »Miteinander reden, verzeihen und den Tag neu beginnen!«, rät Mila.

Er seufzt. Beim Verabschieden sagt der Fremde: »Danke fürs Zuhören!«

»Streit zermürbt die tapferste Seele«, denkt Mila. »Ich werde Vladimíra schreiben, und fragen, wie es zu Hause geht.«

26. Oktober 1414 · Der prächtige Kelch von Nördlingen

Als der Tross am nächsten Morgen weiterzieht, schaut Mila immer wieder auf den Weg, der sich wie ein cremeweißes Band zum Horizont windet. Kalkig kantige Schottersteinchen leuchten wie flüssiges Bienenwachs. Ob sie eine Jakobsmuschel finden würde? Sie erreichen das Nördlinger Ries und müssen die Wagen abbremsen, die immer schneller rollen, denn der Weg führt lange bergab, bis sie die Stadtmauer von Nördlingen erreichen. Die Stadtwachen lassen sie passieren. Von den Händlern und Marktleuten kassieren sie Torzoll und Stapelgeld.

»Frische Zwetschgen! Frische Äpfel und Birnen! Brombeeren und Schlehen!«, rufen die Marktleute, die rund um das Rathaus vor der steinernen Treppe ihre Stände aufgebaut haben. Ein Ochsengespann zieht einen Karren Heu durch das Gewühl, ein Hund jault auf, ein Knecht trägt übereinander gestapelte Gemüsekisten ins Gasthaus.

»Lasst uns den Wirt fragen, was er heute aufzutischen gedenkt!« Johann und Peter laufen derweil zur St.-Georgs-Kirche, um ihren Anschlag auszuhängen.

Der Priester eilt empört herbei: »Das kann ich nicht gutheißen, ich hörte, euer Herr Hus fordert den Kelch für alle Gläubigen.

Schaut euch unser prächtiges Abendmahlsgeschirr an, dieser kostbar ausgeschmückte goldene Kelch gehört niemals in grobe Bauernhände. Stellt euch vor, ein tollpatschiger Narr würde das heilige Blut Jesu verschütten!«

Ein müder Bettler schlurft herein und setzt sich still auf die letzte Kirchenbank.

»Hat Jesus nicht eben jenen geholfen? Kommt mit ins Gasthaus, Magister Hus wird Euch seine Ansichten deutlich machen!«, sagt Peter.

»Auch wenn es die Kirche anders lehrt«, erklärt Hus, »das Abendmahl mit Brot und Wein ist für alle Christen bestimmt. Das gemeinsame Mahl erinnert an Jesu Leben und Wirken, sein Leiden und seine Auferstehung. Es ist eines der tiefsten, geheimsten und höchsten Mysterien unseres Glaubens. Christus sagte, nehmt Brot und Wein zum Gedächtnis an meinen Leib und mein Blut. Das Ziel des Abendmahls sei, in Christo zu bleiben und ihn bleibend in sich haben. Daran sollte jeder Priester denken, wenn er dieses Sakrament spendet. Ich habe jedenfalls beim Studium der Heiligen Schrift weder Einschränkungen noch Verbote entdeckt …«

Mila liegt in ihrer Stube und schreibt an die kleine Schwester. Aus der Gaststube dringen ein paar Wortfetzen. »Zeit zum Schlafengehen«, denkt sie und legt ihre Schreibmappe mit Aufzeichnungen und dem angefangenen Brief unter ihr Strohkissen.

27. Oktober 1414 · Durchs Höhlental nach Giengen

Johann hat für den ersten Abschnitt der nächsten Etappe einen Geländeführer bestellt. Der Ortskundige führt die Gruppe an der Spitze der Karawane über ein zerklüftetes Gebiet, vorbei am Riegelberg mit seinen Höhlen bis zur Anhöhe am Kraterrand.

»Passt höllisch auf! Hier gab es schon öfter Überfälle von Raubrittern oder versprengten Söldnerhaufen, die sogar Pilger ausplündern«, warnt er.

Mila schaudert. Ritter Chlum fragt besorgt, warum er trotzdem diesen Weg wählt.

»Diese Strecke ist eine Abkürzung für euch!«

Mila überlegt, ob der Geleitbrief helfen würde, ich muss Vater schreiben, dass wir den Schutzbrief vom König noch immer nicht haben … und sie wühlt in ihrer Tasche. »O Schreck! Sie ist weg! Ich vermisse die Mappe mit meinen Papieren«, ruft sie und ärgert sich mächtig über ihre Nachlässigkeit.

Peter legt tröstend seinen Arm um ihre Schulter. »Das ist mir auch schon passiert, meine Notizen rutschten mir einst samt Satteltasche in die Moldau. Die Arbeit und die Tasche waren futsch. Ärger nützt nichts, was man im

Herzen fühlt, vergisst man nicht, so hab ich von vorn begonnen alles aufzuschreiben. Hast du deine Mappe verloren oder verlegt?«

Mila überlegt kurz: »Gestern Abend im Bett schrieb ich zuletzt … im Wirtshaus.«

»Kommt, kleines Fräulein, sucht einen Begleiter, ich kehre so oder so zur Stadt zurück.«

»Nehmt mein Pferd!«, ruft Peter dem Lotsen zu, »ich sitze bei Fräulein Mila auf, wenn es Euch recht ist?«

»Für das, was einem am Herzen liegt, nimmt man gern Mühsal in Kauf.«

Die Kehrtmachenden satteln auf, Peter nimmt die Zügel in die Hand.

»Wir warten hier!« ruft Ritter Chlum. Jeronimo schnauft.

»Hoffentlich sind wir ihm nicht zu schwer?«, fragt sie besorgt.

»Bergab schafft er das.«

Verzückt spürt sie eine aufsteigende Wärme, die nicht von der Aufregung um ihre Schreibmappe rührt. Noch nie saß sie so nah bei einem jungen Mann. Milas Unmut verschwindet im Nu.

»Geht's gut?«, fragt Peter.

»Wunderbar!«

Der Nördlinger Gastwirt hat Milas Blattsammlung schon gefunden, als sie atemlos in die Gaststube stürzt. »Sind wohl wichtige Notizen? Aber keine Sorge, ich hätte die Mappe schon sicher verwahrt. Bei mir kommt so schnell nichts weg!« Mila strahlt und dankt und beide galoppieren zurück zu den Wartenden zum Rastplatz am Kraterrand, wo einst, wie man munkelt, der Teufel vor Urzeiten einen Himmelskörper anzog, der den Boden verwüstet und gebacken hat.

»Auf geht's!«

»Moment!« sagt Peter lächelnd zu Mila und hebt einen bohnengroßen, sonnengelben Stein auf. »Legt des Nachts besser dieses Bröckchen unter Euer Kopfkissen!«

»Danke für die Gedächtnisstütze!«, antwortet Mila leicht verlegen und träumt, wie es wäre, wenn allein Peter auf ihrem Kissen läge und seinen Kopf an ihre schmiegt. Ein Freund fürs Leben, jetzt und immer, ein Leben lang nie mehr allein …«

»Mila, ist alles in Ordnung?«, fragt Marek besorgt.

»Ja, ja!«, haucht sie selig.

»Wir sind bald in Giengen an der Brenz, da kannst du ausruhen.«

»Grüß Gott, ihr Leid!«, ruft ein fahrender Händler. »Wolld ihr gugga, ihr Leid, was ich feilzubieten habe! Gewalkte Lodenmäntel, Gugeln in allen Farben, Filzhüte und als Clou: Filzpuppen für die Maiden. Für Kinder ist nur das Beste gut genug!«

Mila horcht auf, vergisst den Traum und denkt an die kleine Schwester. »Marek, verhandelst du mit dem Kaufmann, ich möchte Vladimíra ein Püppchen schenken zum Kuscheln.«

»Des gohd scho«, sagt ein anderer Händler, der seinen Karren durch das schmale Giengener Stadttor zieht,

»wir passe alle durch!«

Auf dem Marktplatz vor den Verkaufsluken des Schneiders und des Messerschmieds spielen Kinder mit Murmeln und Reifen. Eine Gruppe von Knaben verlässt die Lateinschule und zieht geordnet in die daneben stehende Stadtkirche. Einige Frauen stehen am Brunnen, füllen ihre Krüge und erzählen.

»Darf ich auch ein Püppchen?«, ruft eines der Mädchen, die dem Schneider bei der Arbeit zugeschaut hat und zupft ihrer Mutter am Schürzenband. »Gretel, dazu haben wir leider nicht genug Geld. Frag deinen Bruder, ob er dir ein Spielzeug schnitzt.«

Im Lontal hören sie das Blöken von vielen Schafen. Über sechzig grauweiße Skudden zählt Mila, die von einem Hirten und einem Hütehund bewacht werden.

»So viele Schafe habt Ihr?«, fragt Mila.

»Abr nei! I hüde die Schafe der Bauern aus der ganza Umgebung. Dafür erhalde i vo ihna Verbflegung.«

»Das ist nicht viel«, wundert sich Mila.

»Des basschd scho. Einmol im Jahr zu Michaelis gibsch obendroi oi neies Hüdli aus Filz!«

Gegen Abend stehen sie vor der hohen Stadtmauer der bekannten Handelsstadt Ulm.

Mila staunt: »Fast so groß wie Nürnberg!«

»Lasst uns die Kronengasse suchen, dort beziehen wir Quartier beim Kronen-Wirt!«

Im Zentrum erblicken sie die riesige Baustelle des Münsters.

»Das soll das höchste Gotteshaus werden, das je erbaut wurde!« sagt ein stolzer Ulmer Bürger. »Seit zwei Generationen schaffen wir hier, nur ist leider noch kein Ende abzusehen, obwohl sich alle Bürger mit Spenden und ihrer Arbeitskraft beteiligen.«

»Wo haltet ihr jetzt euren Gottesdienst?«, fragt Johann, der wieder einen Platz für den Aushang sucht. »Vor den Stadttoren, in unserer Sammelkirche, doch dort sind wir bei Übergriffen schutzlos oder können nicht in die Kirche, wenn unsere Stadt belagert wird. Deshalb sind wir emsig am Schaffen.«

»Wo finden wir das Gasthaus Krone?«

»Geht am Rathaus vorbei bis hinunter zur Stadtmauer an der Donauseite!«

Hus und sein Tross ziehen vorbei am großen Verkaufshaus der Metzger, in dessen oberen Etagen der Rat der Stadt tagt, staunen über die reich ausgeschmückten Fenster und Erker und finden die Fürstenherberge »Zur Krone«, in der schon Kaiser Ruprecht logierte und Huldigungen und Geschenke der Ulmer entgegennahm. Eine riesige Krone hängt über der Eingangstür.

»Willkommen!«, sagt der Wirt und bittet sie in die Schankstube zu den Tischen neben dem runden Kachelofen aus Becherfliesen.

»Was darf es sein? Ich empfehle heute Rinderkraftbrühe mit Kräuterflädle, Lendenfleisch, Spätzle und Pfifferlinge und dazu frisches Marktgemüse!«

»Gut, das nehmen wir und einen Humpen Wein für jeden, bitte!«

»Ulmer Austern sollten wir probieren, das ist eine begehrte Ulmer Spezialität neben dem edlen Stoff!« »Austern aus dem Fluss?« »Schnecken sind's vom Weinberg!« »Und der Stoff ist wohl auch nur Flachs?« »Ja, doch edel verwebt mit importierter Baumwolle, Barchent nennen sie ihn, aber sehr kostbar. Der Handel blüht.«

»Guten Abend, werte Leute!«, rufen zwei Zimmermänner. Das laute Gebrabbel und Gemurmel im Saal verstummt, als die zünftig gekleideten Handwerker die Wirtsstube betreten. »Dürfen wir um eine milde Gabe bitten für einen Schlafplatz für die Nacht und eine Speise. Wir sind Gesellen auf der Wanderschaft und auf der Suche nach einem neuen Auftraggeber. In der Bauhütte des Münsters sind geschickte Hände zuhauf zu gebrauchen. Deshalb sind wir hier. Vergelte es euch Gott!«

Einige Gäste ziehen beherzt ein paar Pfennige aus ihren Beuteln. Aus einer Ecke jedoch tönt die dumpf polternde Stimme eines Einheimischen, der gegen das fremde Gesinde wettert, das von überall hierherzieht, angezogen durch die Baustelle, in der Stadt herum lungert, ehrbare Frauen erschreckt und den hiesigen Männern die Arbeitsplätze streitig macht. »Das wird noch übel enden, sag ich euch!«, droht er.

Mila will nicht wahrhaben, was sie eben hören musste.

»Es wird noch viel Wasser die Donau herunterfließen, bis die Menschen erkennen, dass es nicht die Fremden sind, die uns Angst einflößen, sondern unsere eigene Furcht vor dem unbekannten Neuen, die uns aus der gewohnten Bahn zu werfen droht. Was suchen wir Sündenböcke? Ein aufrichtiges Miteinander brauchen wir!«, sagt Chlum und Hus entscheidet: »Richtet euch für zwei Nächte ein. Morgen besuchen wir die Sonntagsmesse. Ich will mit dem Mann reden, morgen, wenn er nüchtern ist.«

»Hört ihr Leute, lasst euch sagen, unsere Uhr hat zwei geschlagen. Zwei Weg' hat der Mensch vor sich, Herr, den rechten führe mich, Menschenwachen kann nichts nützen, Gott muss wachen, Gott muss schützen, Herr, durch deine Güt' und Macht, schenk uns eine gute Nacht! …«, hört Mila, als sie im Obergeschoss am offenen Schlafkammerfenster steht, weil sie unruhig geschlafen hat und nun auf der Stadtmauer den mahnenden Nachtwächter erkennt. Als sie wieder einschläft, träumt sie von wild wucherndem Gestrüpp, das sich über einem braunen Sumpf in die Höhe rankt, dessen blutdurchtränkte Knospen sich zu weißen Rosenblüten öffnen. Zarte Ranken, die sich um einen Käfig winden, in dem junge Menschen lachen und weinen und Protestpamphlete schreiben, fliegende Blät-

ter gegen die Gewalt und das braune Regime der schmerzenden Stacheln ..., bis eine Messerschneide die weißen Blütenköpfe von den jungen Stielen trennt ...

Schweißgebadet wacht Mila auf und hört den Ruf des Wächters: »... ihr Leute, lasst euch sagen, vom Turm die Glock hat vier geschlagen! Vierfach ist das Ackerfeld: Mensch, wie ist dein Herz bestellt ...« Ich muss Peter fragen, der muss mir diesen schrecklichen Alptraum deuten und sie liegt noch lange nachdenklich wach.

»Auch Konzilien können irren«, spricht der Pfarrer am Sonntagmorgen von der Kanzel, »und Mehrheiten können daneben liegen.« Die durchreisenden Gottesdienstbesucher horchen überrascht und betroffen auf und er fährt fort: »Schon Pilatus fragte, was die Wahrheit sei, und wusch seine Hände lieber in Unschuld, anstatt sich eine eigene Meinung zu bilden. Recht bald stritten die Menschen über den neuen Glauben, denn die Christen bekamen großen Zulauf, viele hatten sich taufen lassen und suchten nun Rat im Tempel in Jerusalem. Brauchen wir sichtbare Zeichen der Zugehörigkeit wie die Beschneidung oder reicht einzig und allein der Glaube, fragten sie, reicht die Liebe oder müssen wir uns einordnen in Lehren, die irre machen? Das sollten alle gemeinsam entscheiden, die Argumente der jeweils anderen Seite müssen angehört und mitbedacht werden, um wirkliche Kompromisse zu finden. Bedenkt, keine Seite hat die ganze Wahrheit! Bewahrt euch dennoch vor Götzenopfern, schätzt das Leben, entwickelt freie Gedanken und findet Beschlüsse, die von allen getragen werden, auch wenn es manchen zu lange dauert. Dann wird das Evangelium im Schwange bleiben ... Amen.« Keine Bank knarrte, solange er sprach, jeder der Kirchgänger hatte gebannt zugehört.

Auf dem Weg zurück in die Stadt diskutierten sie umso heftiger ...

»In Konstanz beim ersten synodalen Konzil soll gemeinsam entschieden werden. So muss auch meine Stimme gehört werden«, sagt Hus, »auch wenn es meinen Gegnern schwerfallen wird, zerbrochene Hütten wieder aufzubauen ...«

Sie nehmen den Weg durch das Gerberviertel an der Plau und sehen die Stege über dem kleinen Donauzufluss, an dem die Handwerker ihre bearbeiteten Tierhäute zum Reinigen befestigen, als jemand schreit: »Mein teures Leder!«, und ins kalte Wasser springt, um das gute Stück zu retten, das sich wohl gerade von einem der Stricke löste. »Magister Hus, Ihr seid genauso tüchtig wie dieser Bursche und frei. Eure Felle schwimmen nicht davon!«, sagt Peter ermutigend.

Sonntags ruht die Arbeit am Münster. Trotzdem sind viele Menschen unterwegs, schauen sich neugierig die Baustelle an und diskutieren. In einer der Ecken sieht Mila eine Frau in einem abgetragenen Kleid in einem Haufen Wolle sitzend, die emsig ihre Hände bewegt.

Marek und die anderen wollen zur Gaststube, doch Mila bleibt stehen: »Ich komme gleich nach!«

Die einsame Frau arbeitet behände mit Nadel und Garn. Neben ihr liegen bunte fertige Topflappen. Mit traurigem Blick schaut sie Mila an und winkt ihr zu – ohne lange zu zögern, hockt sich Mila zu ihr herunter auf den Boden und erkundigt sich nach der Art und Weise der Handarbeit. Über das Gesicht der Frau, die sicher jünger ist, als sie aussieht, huscht ein Lächeln. »Du kommst im richtigen Augenblick – dich schickt der Himmel«, sagt sie erleichtert. »Ich bin ein Mensch wie alle anderen, eben hat mich ein gemeiner Mann Hure geschimpft. Ich muss auf der Straße leben. Darf er mich deswegen in den Schmutz ziehen und beleidigen? Alle gehen achtlos an mir vorbei, das tut weh ...«, und sie offenbart zutraulich ihr Herz. Mila kann sie verstehen, im Moment hatten sie auch kein richtiges Zuhause, doch freundliche Menschen reichten ihnen unterwegs immer wieder Brot oder Obst, ein Nachtlager und das tat gut. »Wie heißt du?« »Monka.« Mila teilt ihre Brezel, gibt eine Hälfte und fünfzig Silberlinge. »Du bist ein Engel«, sagt Monka dankbar, »danke, bis wir uns dereinst irgendwo wiedersehen!«

Beim Kronen-Wirt treffen die Böhmen redselige Gäste, die interessiert nach Hussens Lehre fragen.

»Mila, liebe Schwester, kannst du mir deine Silberstücke leihen«, fragt Marek, als sie ihren Bruder in fröhlicher Gesellschaft in der Gaststube trifft.

»Dich kann man keinen Augenblick aus den Augen lassen«, sagt er kopfschüttelnd, als Mila berichtet, was sie soeben erlebt und bekommen hat.

»Gebt den Armen, so gebt ihr ihm ...«, erwidert Mila.

31. Oktober 1414 · Im Biberacher Metzgerhaus

Am nächsten Morgen überquert der Zug der Böhmen die Donau auf der Steinernen Brücke.

Kurz hinter den Ulmer Stadtmauern werden sie von einem bischöflichen Tross überholt. Der grimmige Alte schaut mit funkelnden Au-

Genussmanufaktur
seit 1930

WOCHENKARTE KW 1 | 04.-09.01.2020

IHR MUTSCHELTAG ZUHAUSE | VERSCHIEDENE MUTSCHEL-GRÖSSEN
VORBESTELLUNG IHRER LIEBLINGSMUTSCHEL INKL. SPIELEHEFT

MONTAG | € 15,90
Geschnetzeltes von der Pute im Orangensößle mit gebratenen Steinchampignons,
Kartoffelkroketten, Salat & Dessert

DIENSTAG | € 16,90
Saltimbocca vom Milchkalb an Weißweinsauce
mit feinen Bandnudeln, Radicchio-Orangen Salat & Dessert

MITTWOCH | € 14,90
Hausgemachte Kartoffelnocken in Gorgonzolasauce mit Babyspinat,
gerösteten Walnüssen und Kartoffelchip, Salat & Dessert

DONNERSTAG | € 17,90
Gefüllte Kalbsbrust an Morchelrahmsauce mit Vichy-Karotten,
hausgemachten Butterspätzle, Salat & Dessert

FREITAG | € 16,90
Frischer Fisch nach Tagesangebot im Miso-Sud mit Austern Pilzen,
Reisnudeln, Sprossensalat & Dessert

SAMSTAG | € 16,90
Geschmorte Rinderschulter in Rotweinsauce mit Karottenvariation,
Serviettenknödel, Salat & Dessert

MUTSCHELTAG AM 07.01.2021 FÜR SIE ZUHAUSE?
Vorbestellung Ihrer Lieblingsmutschel inkl. Mutschel-Spieleheft!
Gr. 1 = 3 € | Gr. 2 = 4 € | Gr. 3 = 8 € | Gr. 4 = 16 € | Gr. 5 = 19 €

Mo-Sa: 08-18 Uhr | So + Feiertag: 11-18 Uhr
07121 / 300380 | hallo@cafe-sommer.de

gen und drohender Gebärde aus seiner Kutsche, die von einem Dutzend Reitern in prächtigen Uniformen begleitet wird.

»Seid Ihr dieser teuflische Böhme, der unseren Schafen den Kopf verdreht? Verflucht sollt Ihr sein! Ihr habt nichts auf dem Konzil verloren. Mit untreuen Dienern, die den Befehl des ehrwürdigen Vaters missachten, wird keiner meiner Brüder auch nur ein Wort wechseln. In Ketten gelegt gehört Ihr und in das tiefste Loch gesperrt …«, eifert der Zornige und zieht an Hussens Tross vorbei.

»Dieser armselige Mensch in Samt und Brokat und feinem Ornat wird alles verlieren«, seufzt Hus.

Der Kleriker wütet und warnt alle Leute vor dem herannahenden Ketzer und versucht, sie von ihm abzuschrecken. »Hütet euch vor dem Gebannten, er wird in Ketten geführt!«, ruft er. »Schaut ihm nicht in die Augen. Er wird euch mit in den Abgrund der Hölle ziehen! Es ist der Teufel persönlich! Schließt euch ein und riegelt die Türen!« Doch die vom Bischof gewarnten Dörfler werden nach der ersten Furcht umso neugieriger und laufen in Scharen der böhmischen Reisegruppe entgegen, um den außergewöhnlichen Mann zu sehen. »Fürchtet euch nicht vor dem, was der Feind tut, denn ich weiß, Jesus Christus ist mit uns wie ein starker Held!«, ermutigt Hus die Umstehenden.

Am Nachmittag der vorvorletzten Etappe erreichen sie die Reichsstadt Biberach, um deren Stadtmauer sich das kleine Flüsschen Riß windet. Ein Schwarm Enten flattert aufgeschreckt von einem Pfad aus Steinen auf, der aus dem Wasser ragt. Vom Weberberg hören sie das Klappern unzähliger Webstühle. Emsig wird gespult, gesponnen und gewebt.

Neben dem Hospital zum Heiligen Geist steht die Mezg, in deren oberen Stuben sich der Rat der Stadt und das Gericht treffen, im Erdgeschoss verkaufen die Metzger ihre frischen Waren. Im dreistöckigen Fachwerkhaus gegenüber in der Waaghausgasse finden Hussens Reisegefährten Platz im Gasthof »Zum Lamm«.

Ein anregendes Gespräch mit den Bürgern entsteht, als sie hören, dass Hus trotz Grimm und Bann und Vorurteilen zum Konzil nach Konstanz geht. »Aber kein Tier geht freiwillig zur Schlachtbank«, unterbricht ihn der Metzger.

Ritter von Chlum verteidigt seinen Schützling und spricht über Kirchenbann und Gehorsam so ausführlich und gelehrt, dass alle denken, er sei ein getarnter Theologe. Hussens Begleiter müssen lachen und geben dem Ritter den Spitznamen »Doktor von Biberach«. »Ich muss euch loben!«, sagt Hus zu seinen Begleitern. »Ihr seid wahre Anwälte der Wahrheit! Ihr bietet mir nicht nur Schutz, sondern predigt zu den Menschen, um sie von meiner Schuldlosigkeit zu überzeugen. Dank euch und des Herren Hilfe geht alles gut.«

1. November 1414 · Durch den Wald nach Ravensburg

Dichter Wald säumt den Weg, über den sich Kuppelbögen aus Zweigen neigen und buntes Blattlaub abstrakte Fresken malt. »Eine Kathedrale der Natur!«, denkt Mila ehrfurchtsvoll. »Was braucht es mehr?«

Peter liest ihre Gedanken: »Malerisch, nicht wahr? Gottes reine Schöpfung – die die Menschen immer wieder rücksichtslos zerstören«, und erzählt bedauernd weiter: »Rings um Ulm gibt es nur noch wenige zusammenhängende Wälder, zu gewaltig ist der Holzbedarf für den Dombau, für die vielen Balken, Gerüste und Verschalungen und für die Holzkohle der Eisenschmiede. Und der Klerus weist in weiten Gebieten Jagdgründe aus, um sich gegen die Langeweile bei der Hetzjagd zu ergötzen, mit Wildbret füllt er seine Speisekammern, mit Pergamenten aus den Fellen der erlegten Kreaturen die Schreibpulte der Klosterbrüder. Doch einem armen Habenichts drohen harte Strafen, wenn er aus deren Forsten nur ein Kaninchen für sein nacktes Überleben schießt.«

Die Reisenden erreichen Ravensburg und passieren die mächtige Stadtmauer beim Grünen Tor, dessen herbstlaubfarbene Ziegel sie schon von Weitem glänzen sahen.

»Zur Seite!«, rufen Männer, die einen kräftigen Bullen am Strick führen. »Wir wollen zum Viehmarkt!«

Auf dem Marktplatz herrscht geschäftiges Treiben, per Handschlag wechseln Rinder und Schafe ihren Besitzer, ein Gänsezüchter preist sein Federvieh: »Die besten Schlachtgänse zum Martinifest bekommt ihr bei mir!« Feilträgerinnen bieten allerhand Tand und Gebrauchsgegenstände im Auftrag von jenen, die bare Münzen brauchen. Schweine grunzen. Gänse schnattern. Die Krämerfrau ruft: »Seht her, hier gibt es feines Gemerz!«, und verkauft Fett, Öl, Licht und Käse.

Neben dem Karmeliterkloster treibt ein stoischer Bauer seinen mageren Ochsen: »No links, du Rindvieh, ins Kornhaus!«, und lotst ihn samt Wagen durch das steinerne Tor. Es rumst, knirscht und scheppert. Der Wagen steckt am Prellstein fest. Während sich der Wagenlenker bedächtig duckt, um das Fahrgestell zu untersuchen, eilt ein Klosterbruder erregt herbei: »Was ist passiert?«

»Nix isch bassiert, koi Kradzr! – Des bassd scho, e gibd schläwwies!«, stellt er beruhigt fest.

»Natürlich gibt es Schlimmeres«, schimpft der Kirchenzehntnehmer und mustert die Ladung. »Soll das alles sein, was du dem Stift schuldest? Acht Säcke nur? Letztes Jahr brachtest du doppelt so viele Getreidesäcke!«

»Mehr gab die Ernte nicht her, Herr!«

»Wenn du nicht die Wahrheit sagst«, keift dieser, »dann gnade dir Gott und deiner Familie!«

Vor einem Gasthof sitzen sie ab und der Wirt zeigt ihnen Stellplätze für die Pferde. »Ihr bleibt über Nacht? Ich habe zusätzliche Weideplätze mit Ställen außerhalb der Stadtmauern, die ihr mieten könnt einschließlich Futter. Eure Pferde sehen ziemlich erholungsbedürftig aus. Wie lange seid ihr schon unterwegs?«, fragt er geschäftstüchtig.

Und Hus berichtet.

Ein vornehm gekleideter Herr in einem leuchtendroten, faltenreichen Houppelande und einer modischen mit Federn geschmückten Samtkappe gesellt sich zu den Neuankömmlingen. »Gestatten, Stadtrat Humpis und Teilhaber der Großen Ravensburger Handelsgesellschaft. Willkommen in unserer Stadt! Wir haben bereits von Ihnen gehört. Ja, in hiesigen Zeiten müsste man Konstanzer Souvenirhändler sein, mit einem Warenlager voller Heiligenfigürchen, Reliquiensplitterchen oder -fasern. Der Kult um die Heiligenverehrung blüht nach wie vor. Doch ich will nicht klagen, unsere Geschäftsbeziehungen reichen weit über den Bodensee hinaus bis nach Spanien und Italien, von Polen bis Flandern. Der Tauschhandel mit orientalischen Spezereien und edlen Tüchern und Stoffen floriert prächtig. Seht Ihr das wallende Tuch meines Obergewandes, feinste englische Wolle! Allerdings nur, solange Frieden herrscht, anderenfalls bläht sich allein das Geldsäckel der Messerschmiedeneigner. Ihr merkt, worauf ich hinauswill? Ich möchte wissen, wie Ihr die Situation in Böhmen beurteilt.«

»Es darf keinen Kreuzzug gegen die Reformwilligen geben«, erklärt Hus, »die Menschen wünschen sich Gerechtigkeit, die Freiheit zu sagen, was sie denken, und eine Kirche für das Volk. Nichts ist rühmlicher, als danach zu trachten, dass unter den Christen wahrer, echter und dauernder Frieden, Eintracht und Liebe herrscht.« »Erzählt ihr meinen Freunden bei einem Schoppen Wein mehr?«, fragt der Kaufmann. »Ich lade euch ins Wirtshaus ein!«

»Wein oder Klosterbräu?«, fragt er in die Runde und erzählt munter weiter: »Dieser Bischof, der vor zwei Tagen mit wirren Reden durch unsere Stadt zog, verfemte Euch und kritisierte scharf, dass Ihr euch gegen alle Gesetze der Kirche stemmt und auch gegen den Ablasshandel protestiert.«

»Das ist doch eine feine Sache, ein einträgliches Geschäft«, sagt ein anderer Kaufmann, »mit Geld kaufe ich mich und meine lieben Ahnen frei von allen Sünden und Schurkereien, um nicht auf ewig im Höllenfeuer zu verschmoren. Jeder hat etwas davon, die armen kleinen Sünder sind frei, die Kirche besitzt unerschöpfliche Geldquellen für ihre gewaltigen Bauvorhaben und Ausschmückungen und selbst der König kann seine Kasse mit Steueranteilen füllen. Was wiederum unsere Auftragsbücher füllt!«

Hus schüttelt den Kopf: »Ich hätte nicht gedacht, dass Ihr solche Schlitzohren seid. Ich muss gestehen, in Jugendjahren glaubte ich auch an diese Praxis und kaufte in Prag von meinem letzten Geld, das ich als Student besaß, einen Ablassbrief. Später kamen mir ernste Zweifel: Im Gegensatz zum Habenichts kann sich ein reicher Sünder, ganz egal welche Schandtat er verübt hat, vom Strafgericht loskaufen? Nur Gott kann uns doch Schuld und Missetat vergeben, kein Batzen Geld macht frei, allein die Gnade.«

2. November 1414 · Hangabwärts zum Bodensee

Der Weg nach Meersburg zum Bodensee führt sanft bergab durch orangenfarbene Lärchenhaine, abgegraste Weiden und kultiviertes Rebland an südlichen Hängen. Sonnenlicht spiegelt sich in den kräuselnden Wellen des großen Binnensees, auf denen die letzten bunten Blätter wippen. Am Horizont blinzeln die schneebedeckten Bergkuppen der Schweizer Alpen durch bläulich schimmernden Dunst. Trutzig erhebt sich die Meersburg am felsigen Südhang der Stadt. Unten am Hafen herrscht reger Betrieb. Fährschiffe werden beladen, Waren verschoben, Transportgüter für Konstanz. Stapel voll Weinfässer, Fischfässer, Kisten mit Obst und Gemüse und Strohballen werden auf die Boote getragen. Ein gut gelaunter Kapitän mit grauen Schläfen winkt Mila fröhlich zu und scherzt: »Wie wäre es mit einem Wellenritt auf meinem Kahn, verehrtes Fräulein?«

»Nein danke, ich bleibe Jeronimo treu!«, lacht Mila – »und Peter«, aber das sagt sie nicht laut.

»Letzter Zwischenstopp nach drei langen Wochen!«, ruft Ritter Chlum erleichtert, als der Tross vor einem Wirtshaus mit Seeblick von den Pferden absitzt. »Nur bedrückt mich, dass Wenzel von Dauba uns noch nicht eingeholt hat.«

»Das hätte er sowieso nicht geschafft. Macht Euch das Herz nicht unnötig schwer. Unser Ziel liegt in Reichweite«, sagt Hus voller Zuversicht.

»Lieber Magister!«, warnt Chlum, »wiegt Euch noch lange nicht in Sicherheit! Den Weg meisterten wir – Gott sei Dank! – ohne den kö-

niglichen Geleitbrief in der Tasche, bis auf diesen wütenden Bischof waren uns alle wohlgesinnt, keiner kam zu ernstem Schaden. Doch auf unsere ärgsten Gegner werden wir erst in Konstanz treffen!«

Mila setzt sich auf einen Schemel vor der Taverne und beobachtet ein kleines Kind, das auf wackeligen kleinen Füßen Kleeblätter entdeckt und rupft und emsig eins um das andere in einen Holzspalt stopft. »Wie vergnügt es dabei ist«, denkt sie, »das kleine Balg entdeckt, wie etwas funktioniert, und probiert und übt es immer wieder – und seine Mutter steht dabei und wacht und lässt es liebevoll und aufmunternd gewähren. »So gedeihen unerschrockene, zufriedene Gemüter«, denkt sie. »Ein Kind ins Leben geleiten, das wäre auch mein großes Glück.«

»Mein größtes Glück wäre jetzt eine warme Mahlzeit!«, verkündet Reinstein und schlägt vor, in die Taverne zu gehen.

»Ich kann meinen Gästen den frischesten Fisch anbieten. Felchen in Butterschmalz gebraten, zart und saftig wie kein anderer Fang vom Bodensee!« preist der Wirt und dazu einen edlen Schoppen Hagnauer Sonnentau von unseren Winzern Seid willkommen!«

»Gern, ich liebe Fisch!«, sagt Hus frohlockend und rückt einen Schemel zu den anderen an den wuchtigen Tisch.

»Und Kinder?«, fragt Mila.

»Natürlich. Ein Kind ist ein Geschenk Gottes, das seinen Eltern anvertraut wird. Ich bin mit Leib und Seele Pfarrer für alle Kinder Gottes. Doch ob ein Theologe ein Weib zur Ehefrau nehmen will, um eine Familie zu gründen, das sollte jeder Kollege selber entscheiden dürfen. Ich will keinen Menschen zur Ehelosigkeit zwingen, doch ihr müsst wissen, unzüchtige Gier halte ich für sehr verwerflich.«

Mila schaut gedankenverloren in Peters Richtung und ihre Blicke kreuzen sich …

»Nehmen wir morgen die Schiffspassage?« fragen die Rittmeister nach dem wohlschmeckenden Mahl. Hus schaut in die Reisekasse und entscheidet: »Nein, wir reiten mit den Pferden nach Konstanz und umgehen den Bodensee. Wenn wir in Konstanz sind, werden Jiří und Thomas die Pferde zurück nach Ravensburg bringen und dort unterstellen lassen. Und auch von einigen von euch werde ich mich verabschieden müssen.«

»Ritter Chlum und Peter und Johannes bleiben an meiner Seite«, erklärt Hus. »Marek und Mila, ihr bleibt auch bei mir, bis ich Nachricht von eurem Vater habe, ihr könnt euch um Grabštyn kümmern, denn ein Pferd muss ich behalten für den Fall, dass ich mich mit dem König vor der Stadt treffe.«

und zwirbelt verführerisch eine Strähne ihrer offenen Locken-pracht.

»Aus dem Weg! Macht Platz!«, brüllt ein anderer, der rumpelnd ein Weinfass vor sich her schiebt.

»Achtung! Köpfe einziehen!«, ruft ein Passant und schon plitscht ein Schwall trüber Brühe aus einem offenen Fenster vor dessen Füße. Aus Schänken und Wirtsstuben tönt lautes Gelächter. Es duf-tet nach frischgebackenen Fladen und Met, riecht nach glimmen-den Holzfeuern und stinkt nach faulenden Essensresten und ande-ren Hinterlassenschaften.

Marek und Peter nehmen Mila besorgt in ihre Mitte.

»Welch ein Sodom und Gomorrha!«, ruft Chlum, der achtsam ne-ben Hus hergeht, um umtriebige Gestalten zu orten. »Mehr als zehnmal so viele Gäste, wie die Stadt Einwohner hat, werden in den kommenden Monaten erwartet, da finden sich auch üble Halunken und Glücksjäger ein.«

»Die Stadt wird das Übel kaum wieder loswerden!«, fürchtet Hus und ihm graut beim Anblick eines feisten geistlichen Herrn, der ge-rade aus dem Haus eines Bordellwirtes huscht. »Sie predigen das A und tun selbst nur das B. Sagt mir ehrlich, das sollen unsere Vorbil-der und Richter sein?«

3. November 1414 · Ankunft in der Konzilsstadt Konstanz

»Noch vier Tage bis zur offiziellen Konzilseröffnung und schon jetzt stauen sich die Trosse auf den Straßen! Wie voll wird die Stadt sein?« Hus reiht sich mit seinen engsten Begleitern geduldig in die Warteschlange ein, nachdem sie sich von den Fuhrknechten verab-schiedet haben.

Neben den Teilnehmern des Konzils, den geistlichen und weltlichen Würdenträgern, Bischöfen, Adligen und Gelehrten und deren un-zähligen Begleitern strömen Händler, Dienstboten, Lebensmittellie-feranten, Handwerker, Tagelöhner, Geldwechsler, Spielmannsleute, Prostituierte und Abenteurer aus allen Richtungen nach Konstanz. Die Stadtwachen am Rheinbrückentor lassen sie nickend passieren.

»Wir müssen die St.-Pauls-Gasse finden, dort hat uns der Stadtrat eine Herberge zugesichert«, erklärt Chlum. »Wir laufen am Mün-ster vorbei immer geradeaus bis zum Schnetztor, zwei Häuser rechts davor finden wir das Backhaus der Witwe Fida Pfister!«

In den engen Gassen drängen sich die Menschen vorbei an den Aus-lagen und Verkaufsluken der Handwerker und Verkäufer. Es ist leb-haft, laut und unübersichtlich.

»Kauft, Leute, kauft! Ihr bekommt frischen Felchen, frische Seefo-relle, fünfzehn verschiedene Sorten Fisch!«, preist eine Fischhänd-lerin.

»Kommt heute Abend zu mir!«, haucht ein hübsches Freudenmäd-chen mit tiefblickenlassender Bluse und gelben Bändern im Haar

Jan Hus reicht Marek die Zügel, nachdem sie das zweistöckige Haus gefunden haben, und klopft an die kleine Holztür. »Seid herzlich willkommen!«, sagt die Quartiergeberin erfreut zu den böhmischen Gästen. »Ich habe schon auf euch gewartet. Es ist alles vorbereitet.« Die kleine, rundliche Frau mit fester, herzlicher Stimme zeigt den Männern ihre Zimmer im ersten Stock mit sorgsam hergerichteten Betten. In Hussens Stube steht ein Schreibtisch vor dem Butzen-fenster.

»Ich dachte, das tät zu Ihnen passen. Das junge Fräulein wird sich die Schlafstatt hinter der Backstube mit meiner Tochter Magda tei-len. Ihr seht ja, die vielen Besucher in der Stadt! So manche Gäste müssen sich gar ein Bett teilen oder schichtweise schlafen, da die Herbergen überquellen. Und das Gesinde findet oftmals nur einen Schlafplatz im Stroh. Sogar leere Weinfässer nehmen die Burschen als Lager für die Nacht.«

Mila freut sich und schließt schnell Freundschaft mit ihrer Zimmer-genossin: »Ist es recht, wenn ich dir zur Hand gehen kann und dir in der Bäckerei mithelfe?«

»Ist das nicht unter der Würde deines Standes?«, fragt das Mäd-chen erstaunt.

»Mein Vater lehrte uns Kinder, nie uns als etwas Besseres zu fühlen«, entgegnet Mila. »Und Magister Hus – ach du musst ihn einfach hören!«

»Dazu werden wir hoffentlich gute Gelegenheiten haben«, sagt Magda erwartungsvoll.

»Genau zu diesem Zweck sind wir aus Böhmen angereist!«

»Nach der Brotzeit zeige ich euch erst einmal unsere Stadt!«, schlägt sie vor.

»Ja gern!«, freut sich Mila, »ich bin schon ganz neugierig.«

Das Konstanzer Konzil

In der Konzilsstadt Konstanz

Konstanz, die herausgeputzte Stadt, geschmückt mit Wipfeln und Fahnen. Bunte Wappenschilde über Hauseingängen und an prächtigen Herrenhäusern zeigen die Herkunft der Logiergäste an.

Magda zeigt den Neuankömmlingen den Markt am Stephansplatz. Die Händler, die ihre Warenvielfalt feilbieten und Wild und Geflügel direkt auf schweren Tafeln zerlegen. Eingesalzene Fische für den kleinen Geldbeutel liegen neben Drosseln, Fröschen und Schnecken für Gourmets. Es gibt importierte Gewürze und edle Weine neben den herben Weißweinen der Seeregion.

Sie beobachten feilschende Geldwechsler, die die Münzen der Franzosen und Italiener in rheinische Taler tauschen; weichen Handkarren, Fuhrwerken und Lastenträgern aus; sie sehen Handwerkern zu, die hinter geöffneten Luken emsig schaffen, weben, spinnen, färben, schneiden, hämmern, kleben, feilen, klopfen, schmieden, kneten, formen, brennen ...

»Die Stadtväter haben das Zunftrecht gelockert«, erzählt Magda, »sodass auch ausländische Kaufleute, Wirte und Handwerker, wie Bäcker und Barbiere, eine Arbeitserlaubnis bekommen. Kommt, ich zeige euch das Warenhaus, den Umschlagplatz für alle Güter, die über den See in die Stadt transportiert werden. Das steht direkt am Wasser.«

Am Hafen lauschen sie begeistert den Melodien fahrender Spielleute und bestaunen die Kunststücke geschickter Gaukler und kühner Akrobaten, um die sich viele Menschen scharen. »Marek und Peter sind weg!« Die beiden Mädchen suchen sie vergeblich zwischen den Hälse reckenden, dicht gedrängt stehenden Zuschauern.

Im Nu ist es dunkel geworden. »Mila, wir müssen rasch zurück, ehe uns der Nachtwächter entdeckt!« »Warum? Wir haben doch nichts zu verbergen?« »Eben drum, das denkt er aber, wenn du keine Laterne dabei hast!«

Mila stutzt. Magda lacht: »Soll uns der Nachtwächter im Haus meiner Mutter als finstere Gestalten vorführen? Was würden dann deine netten Begleiter von dir halten?«

»Du meinst meinen Bruder Marek?«

»Ja, und den anderen jungen Mann, der dich mit seinen Blicken nicht aus den Augen lässt.«

»Peter ist Jan Hussens Sekretär und Theologiestudent, ein guter Freund ...«

»Ich melde Papst Johannes unsere Ankunft«, sagt Chlum am nächsten Morgen und kommt mit einer deutlichen Botschaft zurück.

»Euch wird nichts geschehen, versicherte mir der Papst, Ihr bleibt unbehelligt, er hebt auch den über Euch verhängten Bann auf, da Ihr zum Konzil gekommen seid, aber er erlaubt nicht, dass Ihr in den Kirchen Messen lest. Ihr sollt nur rasch im Stillen und ohne Aufsehen eure Angelegenheit aus der Welt schaffen!«, berichtet Chlum von dem Gespräch.

»Er will mein Auftreten verhindern?«, fragt Hus verblüfft. »Ich bin hier, um zu reden!«

Hus ignoriert den päpstlichen Brückenschlag und winkt Johannes Reinstein und Peter von Mladoniowitz zu sich: »Ich will heute Abend mit euch alle Punkte noch einmal durchgehen, die ich öffentlich bei der Konzilssitzung vortragen will. Und hängt überall unsere Plakate auf!«

Fida Pfister und ihre Tochter Magda versorgen die Hausgäste liebevoll wie ihre eigene Familie. Ritter Wenzel von Dauba trifft ein und bringt den ersehnten Geleitbrief.

Im Haus der Frau Pfister hält der böhmische Priester täglich eine Hausandacht, an der Tag für Tag mehr Leute teilnehmen, die zum Teil sogar auf der Treppe stehen müssen, weil der Platz nicht reicht, und Hussens Predigtauslegungen ehrfürchtig aufnehmen.

»Ehrwürdiger Meister«, sagt eines Tages ein Mann mit verlegener Stimme, »ich hörte, man habe Euch der Ketzerei angeklagt, doch ich kann es, nachdem ich eure Predigt gehört habe, nicht glauben, dass an dem Gerede etwas Wahres ist.« »Was ist dein Beruf?«, fragt Hus erfreut zurück. »Ich bin Zimmermann.«

»Nun stell dir einmal vor, du arbeitest auf deiner Baustelle, setzt einen neuen Dachstuhl auf und ein Mensch, der deine Arbeit beob

achtet, erkennt einen Fehler im Stützwerk und macht dich darauf aufmerksam. Er rät dir, den Fehler auszubessern, weil sonst die Bedachung einstürzen würde und somit das ganze Haus. Was würdest du von diesem Menschen halten, würdest du ihn verfluchen und verdammen?«

»Warum sollte ich mich ärgern und ihm Böses wünschen, danken würde ich ihm!«

»Siehst du, ich habe auch nichts anderes getan, als die Verwalter der Kirche auf die Risse und die drohende Einsturzgefahr im Bauwerk Kirche hinzuweisen, um zu verhindern, dass die einstürzenden Trümmer unsere christlichen Fundamente verschütten.«

Atemlos stürzen Mila und Magda die Treppenstufen hinauf: »Habt ihr gesehen, Leute aus Prag haben eure Anschläge von den Türen gerissen. Und sie erzählen Gräuelgeschichten über Euch, lieber Magister!«, rufen die beiden aufgeregt, »Sie beschuldigen Euch der Anmaßung, dass ihr Euch als der wiederkehrende Christus ausgebt... Auf dem Münsterplatz wetterten sie mit einigen Kardinälen über Euch und sind böse über Euer Tun hergezogen. Paletsch nannte sich der eine, Causis der andere.«

»Meine alten Wegbegleiter hetzen jetzt auch hier gegen mich«, sagt Jan Hus traurig.

»Und sie verbreiten das Gerücht, Ihr hättet heimlich versucht, unter Heu versteckt auf einem Wagen aus der Stadt zu flüchten.«

28. November 1414 · Arrest

Eine infame Lüge, die aber ihre Aufgabe erfüllt. Am nächsten Tag kommen Kommissare des Konzils in das Haus von Fida. Chlum fürchtet das Schlimmste, denn er entdeckt auf der Gasse bewaffnete Wachsoldaten, die vor der Haustür Posten beziehen.

»Magister Hus«, fordern der Bürgermeister und die beiden Bischöfe, »ihr werdet zu einer Unterredung im Papstpalast erwartet!« Chlum stellt sich protestierend vor seinen Schützling: »Handelt nicht gegen die Ehre des Königs!« »Wir kommen im Interesse des Friedens, damit keine Unruhe entsteht!«

»Der König hat verfügt, dass nichts in der Sache Hus unternommen wird, solange er noch nicht in Konstanz weilt, und da er erst in vier Wochen am Weihnachtstag hier in der Stadt eintreffen wird, werden wir uns auf keine Einzelverhöre einlassen. Dieser Schutz ist königlich verbrieft!«

»Lasst gut sein, Chlum!«, beschwichtigt Hus und steht vom Tisch auf: »Ich bin nicht zu Privatgesprächen mit einigen Delegierten gekommen, sondern um vor dem ganzen Konzil zu reden, was ich auch tun werde! Trotzdem. Ich bin bereit, Ihrem Ersuchen zu folgen. Ich gehe mit!«

Ritter Chlum ist entsetzt: »Wirklich, Meister? Dann werde ich Euch begleiten.«

Fida, die ihn in den letzten drei Wochen rührend umsorgte, bricht in Tränen aus. »Nein, Herr! Geht nicht mit. Es kann eine Falle sein!«

»Seid unbesorgt!«, sagt Hus zur Zimmerwirtin, »Gott segne euch!«

»Ha!«, ruft einer der Wachmänner hämisch. »In Zukunft wird der keine Messen mehr lesen!«

Hus wird, von der bewaffneten Eskorte umzingelt, zum Papstpalast gebracht.

Die von Causis und Paletsch aufgestachelten Kardinäle, zu denen er geführt wird, würden ihn am liebsten sofort festnehmen, doch sie fürchten sich vor Sigismund. So suchen sie listig Beweise und schicken den Franziskanermönch Didakus ins Verhör. »Ich bin ein einfältiger einfacher Mann und hätte gern Antwort auf einige Fragen bekommen«, erklärt dieser verlogen, denn er ist in Wirklichkeit einer der gelehrtesten und spitzfindigsten Theologen. Mehrmals stellt er Hus die gleiche Frage: »Hast du gelehrt, dass das Brot nach der Segnung Brot bleibt und nicht zum Leib Christi wird?« Mehrmals wiederholt Hus: »Das lehrte ich nicht!«

»Hört doch auf, was sollen diese ewiggleichen Fragen?«, fordert Chlum.

Hus soll warten, Chlum wird fortgeschickt, die Kardinäle beraten und überreden den Papst, Hus festzunehmen und wegzuschließen.

Völlig entrüstet eilt Chlum zum Papst: »Das ist Wortbruch!«

Der Papst windet sich bedauernd: »Schaut, lieber Bruder, nicht ich habe befohlen, ihn zu verhaften, das waren die Schergen!« Chlum kocht vor Wut und berichtet den Böhmen in Fidas Stube: »Fangfragen stellten sie ihm, hinterlistige Fragen, warfen ihm Zitate aus Wyclifs Lehre vor, die er nie vertreten, stets abgelehnt und erst recht nicht gelehrt hatte, und nun wird er im Haus des Kanonikerkantors festgehalten!«

»Ich muss zu ihm!«, sagt Peter kreidebleich. »Chlum, Dauba, Johannes, Fida, Marek, Magda, Mila! Packt Essen ein, schnürt seinen dicken Pelz und nehmt seine Bibel aus der Lade. Wir müssen sichergehen, dass er wenigstens genug Brot und einen warmen Mantel hat – und weiß, dass er sich auf uns verlassen kann. Kommt schnell!«

Nächtliche Kälte hatte ersten Raureif gezaubert. Ein kalter Wind pfeift über den Bodensee und streift die schwankenden Trauerweiden, die das flache steinige Ufer säumen. Deprimiert stehen die Freunde in der Nähe des Warenhauses vor dem Haus des Kantors, in dem sie am Abend zuvor das Bündel abgaben.

Mila streicht traurig ihre Haarsträhnen aus dem Gesicht: »Sie haben Jan Hus eingesperrt!«, sagt sie fassungslos, während sie die letzten Wildgänse beobachtet, die sich in der nahen Bucht zum Abflug in den Süden sammeln. Magda hängt sich ihren wollenen Umhang über und klammert ihn mit einer Fibel fest. Trotzig zieht Marek seine Kappe tiefer in die Stirn: »Ich erwarte vom König, dass er sein Wort hält!«

Der Wind bläst stärker. »Ich bin traurig, die sonnige Zeit ist vorbei, das bunte Laub fort«, klagt Mila niedergeschlagen. »Unser mutiger Freund wurde geopfert wie das arme Federvieh zu Martini – alles Leben zieht sich zurück, nur der Frost hält eisige Wacht ...« »... Doch so Gott will, blüht im tauenden Frühling eine neue Pracht!«, tröstet Magda.

Hus sitzt eine Woche lang in Untersuchungshaft. Derweil bereiten die Konzilsvertreter eifrig einen kanonischen Prozess vor, ein Verfahren nach dem Kirchenrecht, zu dessen Untersuchungskommission ranghohe Geistliche gehören.

Chlum protestiert, denn inzwischen hat Sigismund einen Brief geschickt: »Hier seht! Der König schreibt, dass er sogar die Gefängnistür selber aufbrechen würde. Er verlangt die Freilassung von Hus!« Die Kommissare zeigen sich ungerührt, stattdessen verbergen sie den Verschleppten noch tiefer.

Sie bringen ihn in das Dominikanerkloster direkt am Bodensee und sperren ihn in eine kleine ebenerdige Klosterzelle, neben der stinkende Kloake ins Wasser rinnt. Wachmänner schmieden Eisen um seine Gelenke. Er friert, leidet an Schüttelfrost.

Chlum, Dauba und Peter dürfen ihn kurz besuchen, nachdem sie die Wächter bestochen haben, und berichten von einer Meldung aus der Heimat: »Dein Nachfolger Jakobelus von Mies fürchtet, dass ihr nicht zurückkommt, und reicht dem Volk den Kelch!«, und sie bringen ihm Papier und Tinte.

»Lieber Kuba!«, schreibt Hus mit zittrigen Buchstaben, »wir sind engvertraute Freunde seit Studientagen und teilen dieselben Ansichten, im fahlen Licht der Öllampen saßen wir mit Hieronymus nächtelang zusammen und diskutierten emsig über die Zukunft unseres Landes. Du hast die Führung der Reformbewegung in Prag während meiner Verbannung übernommen, doch warte mit der Einführung der Kelchkommunion für die Laien, bis ich zurück in Prag bin. Eindringlich bitte ich dich, überstürze keine Reformen!«

Die Kommissare verhören ihn, ohne auf seine fiebrige Erkrankung Rücksicht zu nehmen, denn das kanonische Recht befiehlt, dass die Anschuldigungen vor den Augen des Delinquenten vorgetragen werden, egal in welcher Verfassung er sich befindet. »Nehmt Eure Worte zurück!«, fordern sie rechthaberisch. Die Verteidigung von Wyclifs Thesen legen sie ihm zur Last, alte Anschuldigungen der Prager Geistlichkeit und zweiundvierzig Aussagen aus seinem Werk »Die Ecclesia«, die Paletsch als Irrtümer anprangert. »Und obendrein führt Ihr neue Regeln ein! Ihr missbraucht den Kelch für Eure Fantastereien!«, werfen sie ihm vor. »Eure Prager Freunde – unter ihnen dieser Träumer Jakobelus von Mies und ein gewisser Nikolaus von Dresden – widersetzen sich den kirchlichen Gesetzen und reichen Euren vernarrten Leuten den heiligen Kelch!«

Hus bleibt konsequent: »Auch wenn Ihr mir mit Kerkerhaft, Hunger, Durst und Folterqualen droht, mein freies Gewissen werde ich nicht opfern! Ich erwarte die freie Anhörung vor der Konzilsversammlung!«

Inzwischen empört sich in Böhmen auch der Adel und die Universität über die Verletzung des Geleitbriefes.

Bitterkalt ist es geworden, Hussens Kerker ein eisiges Loch. Feuchter Nebel kriecht durch alle Luken, das wenige Stroh zu seinen Füßen beginnt zu modern. Gallenschmerzen quälen ihn. Dichter Schneefall dämpft die letzte Bahn zur Außenwelt. »In der Heimat feiern bald alle Christen die Ankunft des Herrn«, denkt Hus wehmütig.

24. Dezember 1414 · Stille Nacht, einsam bewacht

Ein famoses Fanfarenblasen tönt plötzlich laut durch die Nacht und kündigt die lang erwartete Ankunft des Königs an. In der Heiligen Nacht inszeniert das Königspaar seinen prunkvollen Einzug in die Konzilsstadt: Ein mit Fackeln beleuchteter Schiffskonvoi legt im nahen Hafen neben dem »Kaufhaus« an. Stadtrat und Gefolge huldigen dem Paar und führen sie zum Münster »Unserer Lieben Frauen«, ihnen folgen Hunderte festlich gekleideter Herrschaften und Höflinge, Konzilianten, Konstanzer Bürger und andere Schaulustige. Nach der Mitternachtsmesse, die Sigismund dort zusammen mit dem Papst hält, bekommt der nun offiziell gekrönte König vom kirchlichen Oberhaupt ein gesegnetes Schwert mit der Ermahnung, es wohlüberlegt zur Verteidigung der Kirche zu gebrauchen. »Denkt daran, nur ein starkes geeintes christliches Europa kann sich dem Eroberungsdrang der Osmanen widersetzen!«

Sigismund verhandelt mit den Kardinälen über die Freilassung von Hus, doch der Versuch scheitert, als er sieht, welche Verhältnisse im Konzil herrschen: Die Konzilsväter drohen, das Konzil platzen zu lassen.

»Wir sind zusammengekommen, um mit euch die europäische Christenheit zu befrieden, nämlich unter einem von der Mehrheit unterstützten römisch-katholischen Papst«, ermahnt einer der Konzilsvertreter, »und Ihr, gnädigster König, unterstützt diesen Ketzerlehrmeister, der das Papsttum anzweifelt? Wollt Ihr erneut, dass sich ein Teil der Kirche abspaltet, dass ein neues abendländisches Schisma entsteht? Diesmal keine orthodoxe Ostkirche, diesmal vielleicht eine gemeine Volkskirche?«

»Nein!«, gibt der Schirmherr des Konzils nach. »Aber der Gefangene soll ein angenehmes Kämmerlein bekommen!«, fordert er und Hus wird am Anfang des neuen Jahres in eine trockene, wärmere Zelle verlegt neben dem Refektorium, der Schreibstube des Klosters, er erhält Papier und Tinte, kann arbeiten und Briefe schreiben. Hus schöpft ein wenig Hoffnung und sieht im Traum, wie die Bilder in seiner Bethlehemskapelle zerstört, aber umso schöner wieder hergestellt werden.

»Die Gans ist noch nicht gebraten!«, schreibt Hus optimistisch, und verfasst Briefe für seine Verteidigung und Briefe an seine Freunde, die er Chlum und Peter geben kann.

Und Peter schreibt und schreibt. Er drängt die böhmischen Herren, die sich bereits in Konstanz aufhalten, eine Interpellation, eine Eingabe zu schreiben und hilft beim Formulieren. »Ich werde sie dem Konzil vortragen. Sie müssen ihn freilassen, ganz offiziell! Dafür werde ich sorgen!«, und er besucht Hus immer wieder, stellt sich gut mit den Wächtern. »Hier nehmt und seid gut zu ihm!«, bittet er und hofft, dass die Männer milder mit ihrem Gefangenen umgehen und die Postübermittlung weiter dulden.

»Ich weiß, dass ich mich nicht hartnäckig verteidigen darf, denn dieses Verhalten legt man einem der Ketzerei Beschuldigtem erst recht zur Last«, bedenkt Hus beim Schreiben und schreibt auch dankbar kleine Verse für seine Wächter. Die schlossen den außergewöhnlich Gebildeten in ihr Herz und spielten zusammen Schachpartien mit Figuren, die ihr Schützling aus Brotteig formte.

Doch lange hat Hus auch hier keine Ruhe. Er wird erneut krank und muss seinen Widersachern zuhören, die ihn wieder und wieder in der Zelle aufsuchen, um ihn zum Abschwören zu überreden.

»Ich protestiere gegen diese Einzelverhöre! Vor dem Konzil will ich antworten und mich belehren lassen!«, fordert er vergeblich. »Eure böhmischen Freunde sind genauso hartnäckig wie Ihr!«, sagt einer der Kommissare. »Erneut erhielt unser König Post aus Böhmen und Mähren. Eine Protestnote, die zweihundertfünfzig Eurer Adelsfreunde unterschrieben und versiegelten, mit der Forderung, Euch freizulassen. Um ihnen entgegen zu kommen, will sich der König für Euch um eine baldige Anhörung vor dem Konzil einsetzen!«

Doch die Situation in der Kirchenversammlung spitzt sich dramatisch zu, als die Konzilsteilnehmer über die Papstfrage beraten und beschließen, alle drei amtierenden Päpste abzusetzen, den Aragonesen Benedikt XIII. aus Avignon, den Venezianer Gregor XII. und ebenso Johannes XXIII. aus Neapel, der als Einziger beim Konzil anwesend ist und sich große Hoffnung gemacht hatte, als Pontifex in Rom bestätigt zu werden.

24. März 1415 · Des einen Lust, des anderen Schmach

Am Palmsonntag zieht ein riesiger Prozessionszug feierlich durch die Stadt. Messdiener tragen einen hölzernen Esel, auf dem eine vergoldete Jesusfigur thront. Vom Duft des Weihrauchs benetzt, wedeln die Zuschauer mit grünen Buchsbaumzweigen, Palmenblättern und Tüchern und lauschen den lateinischen Gloriengesängen der Ministranten.

»Der Papst ist geflohen!«, schreit plötzlich jemand laut und aufgeregt in die Menge.

»Schließt die Stadttore!«, befiehlt der König. »Niemand darf Konstanz verlassen! Er darf nicht entkommen. Der Papst persönlich will das Konzil auflösen! Fasst ihn, sein Plan muss verhindert werden!« In Konstanz geht es drunter und drüber. »Löst sich das Konzil jetzt auf?«, fragen viele. Der König beschwört die Gesandten und Geldgeber zu bleiben. Da der Papst spurlos verschwunden ist, überreichen die Untersuchungskommissare ihre Ergebnisse dem Konzil und die Wächter den Gefängnisschlüssel Sigismund: »Die Befreiung des Gefangenen liegt nun in Euren Händen!«

»Ich könnte ihn jetzt freilassen und sollte es vielleicht tun, dann wäre das böhmische Königreich in meiner Schuld«, überlegt Sigismund. »Aber ich will nicht! Meine Autorität würde wanken, die uneingeschränkte Fortsetzung des Konzils, mein Europa, die Kaiserkrone sind mir wichtiger!«

Die böhmischen Freunde sind entrüstet, als sie von der verpassten Chance hören. »Jetzt hätte der König seinen Schützling mit Ehren aus dem Gefängnis befreien und sein Geleitversprechen einhalten können, wenn er gerecht handeln würde!«
»Nein, sie missbrauchen unseren Mann als gemeinsamen Feind, um diese zerstrittene Konzilsgemeinschaft wenigstens ein bisschen zu einen!«
Sigismund sagt, das Konzil muss eine Beschäftigung haben, damit es nicht ergebnislos auseinanderplatzt!

April 1415 · Spott und Wortbruch

»Habt ihr den neuen Berater des Königs am Münsterplatz singen gehört?«, fragt Mila fassungslos die Freunde, als sie zusammen mit Magda und leeren Brotkörben vom Backwarenverkauf zurückkehrt.
»Meinst du den einäugigen Musiker mit der Laute, der die Missstände in der Stadt anprangert?«, fragt Peter.
»Den Dichter aus Tirol! Oswald von Wolkenstein, der gehört zum Tross des Brixener Bischofs und dient seit kurzem auch dem König!«

»Eine große Menschenmenge stand um ihn herum«, erzählt Magda. »Er textet nicht nur Verse über die hohen Preise, die vielen Diebstähle und fehlenden Unterkünfte, sondern auch über sein ausschweifendes Leben in der Stadt, über die hübschen Weiber und ihre Verführungskünste. Er preist sogar die Königin, aber nicht Barbara, die Frau von Sigismund, sondern seine Königin!«, erzählt Magda. »Moment, wartet – was sang er über diese außergewöhnliche Frau? – Dass die Höchsten und Kühnsten dieses sinnenfreudige Weib umwerben. Sie bezaubert einen nach dem anderen, selbst strenge Tugendwächter schmelzen in ihren Armen dahin und tanzen nach ihrer Pfeife. Auch er, Wolkenstein, beugt sich vor der scharfsinnigen Königin des Konzils und nennt sie geliebte Imperia!«
»Was für ein Schwärmer!«, meint Marek ein wenig neidvoll.
»Nachtschwärmer meinst du! Kein Wunder, dass der über einen ewig klammen Geldbeutel klagt, eine edle Konkubine kostet eine Stange Taler!«, entgegnet Peter.
»So einer dient dem König als Berater?«, fragt Mila ungläubig.
»Warum bist du überrascht?«, fragt Peter. »Sieh die erlauchte Gesellschaft an! In dieser Stadt kannst du alles erleben und bekommen! Die einen verbringen ihre Freizeit beim Zechen im Wirtshaus, die anderen besuchen die geselligen Bäder am Ziegelgraben oder reiten mit hübschen Frauen aus, sie treffen sich zu Tanz, Theater, Kartenspiel. Zu den großen Turnieren auf dem Kampfplatz im Paradies vor der Stadtmauer und den anschließenden Festmenüs strömen Hunderte, wenn nicht Tausende. Die Stadtväter haben den Turnierplatz sogar schon verlegen müssen, weil sich die Anwohner über den Lärm beschwerten. Ein Hauen und Stechen und gemeinsames Frönen! Das gefällt den feinen Herren! Frag nicht, wie viele die Betten mit Mätressen und Freudenmädchen teilen. Gegen klingende Münze bekommst du in Konstanz alle Vergnügungen der weiten Welt gereicht!«
»Ich weiß, – aber der Sänger verwünscht Hus und hetzt lauthals, dass ›alles Leid ihn gehässig verfolgen möge, lässt Hus nicht von Wyclif ab, so wird seine Lehre in Hass gegen ihn umschlagen ...‹«, zitiert Mila und fürchtet eine gefährliche Stimmungsmache.

Und was macht König Sigismund? Der übergibt den Schlüssel der Gefängnispforte an den Konstanzer Bischof.
Wie ein Lauffeuer verbreitet sich diese Nachricht in der Stadt.
»Schnell, wir laufen zur Bischofspfalz!«, rufen Mila, Magda, Marek und Peter aufgeregt.

»Jan Hus, der Ganskopf!«, rufen die Widersacher über den Münsterplatz und ziehen mit dem Bischofstross zum Dominikanerkloster, vor dem bereits eine erregte Menschenmenge wartet.
»Die gerupfte Gans kommt!«, schreien die Gaffer.
»Lausebart!«, spottet der Pöbel.
»Verfluchter Erzketzer!«, wüten Einfältige weiter und buhen laut, als der Gefangene aus dem Haus geführt wird.

»Wie kann er es wagen, die heilige Kirche anzuprangern? Er wird uns alle mit in die Verdammnis ziehen!«, jammert ein Verängstigter. Ein anderer bekreuzigt sich hastig und lässt die Gebetsperlen des Rosenkranzes murmelnd durch seine Finger gleiten.

Peter, Marek, Mila und Magda drängeln sich nach vorn, um mit Hus zu sprechen »Meister Hus, hier sind wir!« und sind erschrocken. Der stattliche Magister ist kaum wiederzuerkennen, abgemagert, unrasiert, das Gewand verschmutzt und zerschlissen.

»Hinweg mit euch! Lasst ihn los!«, schreien die Bewacher und stoßen die Freunde mit den Enden der Hellebarden unsanft von Hussens Seite. »Macht endlich Platz!«

»Meister, wohin bringt man Euch?«

»Flussabwärts.«

Der Konstanzer Bischof lässt Hus gefesselt auf einem Boot über den Rhein auf seine Burg Gottlieben bringen.

Die eisernen Handschellen, die ihm die Wächter erneut an die Gelenke schmieden, rasseln schwer. Hus fühlt sich verloren und verlassen wie nie zuvor lebendig begraben. In diesem Inquisitionsgefängnis darf kein Gefangener einen Brief, geschweige denn Besuch empfangen. Er muss in einer schmalen kalten Zelle oben im Westturm sitzen, zwei Balken sind sein Lager, an die man ihn tagsüber an den Beinen befestigt, nachts auch an den Händen, Durst und Hunger quälen ihn, er bekommt allein gesalzenen Gerstenbrei durch eine Luke gereicht, Gallenschmerzen und Zahnschmerzen plagen ihn. Er wartet, hofft und bangt. Auf kleinen Papierfetzen beschreibt er den Verfall seines Körpers, doch ebenso viel von seiner ungebrochenen Zuversicht, seiner Hoffnung im Glauben.

Derweil ruft sich die Kirchenversammlung zur höchsten Instanz der Christenheit aus: Das Konzil übernimmt die Führung.

Mila, Magda, Marek und Peter packen ein Bündel mit neuer Leibwäsche und Brot und Wurst und Schreibpapier und beauftragen einen Bootsmann, sie nach Gottlieben zu fahren.

»Ich sage euch, in das Schloss kommt ihr nicht hinein, erst recht nicht hinter die dicken Mauern des Gefängnisturms. Seitdem dort einmal zwei gefangene Mönche ausbrachen, haben die Wärter die Türen mit Eisen verstärken lassen!«

»Wir müssen es versuchen!«

Sie klettern in das schaukelnde Boot. In Konstanz hinter der Feste des Dominikanerklosters verlässt der Rhein den Bodensee, sein glasklares Wasser leuchtet in türkisgrünen Farben, Fischschwärme kreuzen unter dem Bug, Blesshühner paddeln flink zum seichten Schilfgürtel am Ufer, Apfelblüten duften lieblich.

»Wie lange fahren wir?«, fragt Mila.

»Nicht weit«, meint der Bootsmann, »zu Fuß benötigt ihr eine knappe Stunde bis zur nächsten Ortschaft!«

Hinter einer leichten Flusswindung entdecken sie im Schilf eine Wasserburg, ein massives Gebäude mit zwei Türmen, die ein Wehrgang verbindet.

»Der Sitz des Konstanzer Bischofs – Gottlieben – wir sind da!«, ruft der Schiffer und rudert das Boot bis zu einem kleinen Anlegesteg.

Als sie das versteckt liegende Eingangstor finden, begrüßen sie den Wachmann auf der Brücke und bitten: »Wir kommen im Auftrag des Königs! Lasst uns ein!«

»Wie lautet eure Losung?«

»Wir sollen dem Gefangenen dieses Paket bringen!«, versuchen sie, dem Torwächter weiszumachen.

»Ansgar, komm, es gibt Arbeit!«, ruft er seinen Kameraden unwirsch.

»Sind das wieder böhmische Märchengeschichten?«

»Und dieses Päckchen ist für sie!«, sagt Peter und überreicht der Wachmannschaft einen tellergroßen Räucherschinken.

»Gut, kommt, ihr dürft durch die Luke gucken, aber öffnen dürfen wir die Tür nicht!«

Ein weiterer Wächter steht im Turm vor der verriegelten Tür und lauscht: »Der singt wieder gegen die Einsamkeit und tröstet sich mit Psalmen und Liedern!«

»Das ist eines seiner eigenen Lieder!«, sagt Peter ergriffen.

Sie hören Hussens Stimme, klar und hell:

»Jezu Kriste, štědrý Kněže,
Jesus Christus, großmütiger Fürst …
Navštěv nás, Kriste žádúcí,
such uns heim, geliebter Christus …
Besuch uns Christe, lieber Herre,
König des Himmels und der Erde,
gib dich zu erkennen im Herzen,
dass wir auf dich warten ohne Schmerzen.
Du Ewiger in Ewigkeit,
gib uns Erlösung vor der Zeit.
Ein neues Leben für die Ewigkeit;
errette uns vor der Vergänglichkeit …«

»Meister Hus!«, ruft Peter und kniet sich auf den feuchten Boden, um durch den schmalen Spalt zu schauen, »könnt Ihr mich hören?«

»Liebe Freunde. Gott sei mit euch. Schämt euch nicht für mich!«, sagt Hus leise.

»Nein Meister, wir schämen uns nicht.«

»Das weiß ich nur zu gut! Allein der Herr schützt uns vor der Vergänglichkeit. Gott sei mit euch zu jeder Zeit, ich gehe meinen Weg, doch SEINE Worte werden bleiben. Danke für eure Treue. Doch schnell, lauft zurück! Begebt euch nicht unnötig in Gefahr!«

»Sagt niemandem, dass ihr ihn sehen durftet!«, verlangen die Wachmänner. »Sonst sind wir unsere Posten los!«

Am Abend klopft es stürmisch an Fidas Haustür. »Macht bitte auf! Ich bin es, Hieronymus aus Prag, Freund und Studienkollege des böhmischen Lehrmeisters!« Ein kräftiger Mittvierziger mit einem gepflegten Bart und zarten Händen tritt in die Stube der Bäckerin.

»Seid Ihr der weitgereiste ruhelose Magister, der damals in England Wyclifs Schriften kopierte und sie begeistert an der Karlsuniversität vorstellte und verbreitete?«

»Ihr wisst?«, lacht Hieronymus, obwohl ihm überhaupt nicht zum Lachen zumute ist. »Wie geht es meinem Freund?«

»Erbärmlich!«

»Ich hörte von der Verhaftung meines Freundes. Ich bin gekommen, um ihn zu verteidigen!«

»Kehrt zurück! Meister, hier könnt Ihr nichts mehr ausrichten!«, rät Chlum besorgt. »Ihr habt damals ein großes diplomatisches Geschick gezeigt, als Ihr König Wenzel unterstützen konntet. Der schätzte Euch ebenso wie Hus!«

»Ja, er bat mich um Rat in seinem Konflikt mit dem Prager Erzbischof, um die Vorbereitung des vorangegangenen Konzils von Pisa und die Beseitigung des Papstschismas«, bestätigt Hieronymus.

Chlum schüttelt den Kopf: »Doch heute bläst der Gegenwind schärfer. Der neue Erzbischof regiert mit eiserner Hand und das letzte Konzil in Pisa war ein Reinfall im Blick auf die Spaltung. Ich hoffe, dass Wenzel den Überblick behält und sich nicht um seinen Verstand trinkt. Sein Einfluss schwindet und die Mehrheit hier ist gegen uns.«

Mai 1415 · Ein schwarzer Tag

Eine dunkle Rauchsäule erhebt sich in den sonst wolkenlosen Frühlingshimmel. »Es brennt! Alarm!«, rufen die Bürger erschrocken und eilen neugierig zum Münsterplatz.

Die Stadtwachen drängen die Bürgerwehren, die sich mit Löscheimern gewappnet hatten, zurück: »Närrisches Volk! Lasst das Feuer brennen! Es sind die Bücher des Erzketzers John Wyclif. Das Konzil hat verfügt, all seine Ketzereien öffentlich zu verbrennen!«

»Warum denn, der ist doch längst tot? Wem soll er denn noch schaden?«, fragt ein argloser Passant.

»Schweigt! Dieses Urteil wurde heute gefällt!«

Ein Hornsignal erklingt. »Macht Platz!«, rufen die Stadtwachen, um einer Delegation den Weg zum Platz zu bahnen. »Hört, Bürger von Konstanz!«, ruft ein Abgesandter des Konzils mit fester Stimme: »Wir geben bekannt: Das Inquisitionsgericht verurteilt den Engländer John Wyclif postum als notorisch hartnäckigen Ketzer. Die ehrwürdigen Mitglieder des Konzils haben das Kirchenrecht studiert und sind nach wie vor der Ansicht, dass Abweichler nicht in den Schoß der römisch-katholischen Kirche gehören. Und wenn die Verteidiger des wahren Wortes die sterblichen Überreste dieses Volksverhetzers ausgegraben haben werden, dann brennen auch die Ketzerknochen! Ungnade dem, der sich weiter zu ihm bekennt!«

Ein doppeldeutiges Raunen geht durch die Menge, die zurückweicht, als seine Begleiter weitere Blätter und Bücher des Kirchenkritikers in die Glut werfen, ein Funkenregen stiebt und angesengte Seiten im heißen Sog in alle Winde wehen.

»Hieronymus, ihr müsst fliehen. Hier könnt Ihr Eurem Freund nicht mehr helfen, Ihr seid selbst in Gefahr!«, beschwört Chlum den Freund seines Schützlings.

»Auf meinen weiten Reisen war mir oft das Schicksal gnädig. Es wäre nicht das erste Mal, dass man mich als Ketzer anklagt und in den Kerker wirft. Ich kam immer wieder frei!«, erwidert Hieronymus trotzig.

»Fordert das Schicksal nicht heraus. Wyclifs Gedanken sollen ausgelöscht werden, Ihr könnt mit Hus nicht mehr vor dem Konzil über Wyclif diskutieren, man wird Euch auch beschuldigen, Ketzereien gelehrt zu haben«, befürchtet Chlum verdrossen.

»Gut, ich kehre um!«, sieht Hieronymus ein, »doch halte mich bitte auf dem Laufenden!«

»Gewiss! Wir werden so lange hierbleiben, bis wir Magister Hus freibekommen haben!«, entgegnet Chlum.

Peter schreibt unbeirrt eine Eingabe nach der anderen und sichtet die eingehende Post. Mila steht im Türpfosten und beobachtet ihn. »Ob er heute Zeit für mich hat?«, fragt sie sich, denn sie möchte gern mit ihm reden. »Peter! – Wie lange wird es noch dauern? Kommt Ihr mit auf einen Spaziergang? Ich möchte gern …«

»Ich bin für heute gleich fertig, einen Moment!«, ruft er rasch zurück. »Ich setze nur noch mein Siegel unter das Schreiben!«, und hält die Siegelwachsrolle über die Flamme. Ein paar Tropfen Wachs tupft er auf das gefaltete Papier und drückt seinen Stempel in den warmen Klecks. »Fertig! – Ich komme! Dann kann ich sogleich den Brief fortbringen und mich ein wenig bewegen.«

Mila freut sich, dass Peter eine Pause einlegt. Zusammen ziehen sie los und drängen sich durch die schmalen Gassen. An der Rathausecke schart sich eine neugierige Menschentraube um einen dampfenden Verkaufsstand mit Rädern. Ein Vorbeikommen ist unmöglich. »Mamma mia!«, ruft ein feingekleideter Herr begeistert, »wie zu Hause in Florenz bei Mama!«, und beißt in ein frischgebackenes flaches mit Speckstückchen belegtes Brot. »Dünnele! Frische Dünnele!«, ruft der Mann vom Stand und Mila sieht, wie der Dünnelebäcker weitere Brote auf einer breiten Kelle aus einem heißen Lehmofen zieht. »Eine fahrbare Backstube? Von der Erfindung muss ich sofort Frau Fida erzählen«, ruft Mila Peter zu, doch der hört sie nicht, denn der Florentiner schwärmt lauthals gestikulierend: »Wollen Sie probieren? Es schmeckt fantastico! Genial, diese Erfindungen der Neuzeit.« Die Imbissverkäufer schieben ihre transportablen Backöfen dorthin, wo sie am meisten Kundschaft erwarten, am Schiffsanleger, am Turnierplatz oder wie hier, wenn die hungrigen

Kollegen in den Sitzungspausen eine Kleinigkeit zu Essen suchen.

»Zu welcher Delegation gehört Ihr?«, fragt Peter neugierig.

»Gehörte! Lieber Freund, gehörte. Mein Dienstherr wurde abgesetzt, nun bin ich arbeitslos. Gestatten, Poggio Bracciolini. Und Ihr?«

»Peter von Mladoniowitz. Der Schützling meines Herrn wurde gefangengesetzt. Doch ich arbeite umso unermüdlicher, um unseren böhmischen Lehrmeister Johannes Hus aus Husinec wieder freizubekommen.«

»Ich bin auch nicht faul!«, entgegnet der Italiener lachend. »Ich hatte einen gutbezahlten Posten als apostolischer Sekretär in der Kurie von Johannes XXIII. Doch jetzt kann ich die Zeit nutzen und auf Bücherjagd gehen. In den deutschen Bibliotheken und Klöstern soll es antike Texte geben, die in Italien nicht mehr auffindbar sind. Wie habe ich gejubelt, als ich vor einigen Wochen in einer Klosterschreibstube im Gallischen Texte von Cicero und Tacitus entdeckte, von denen man daheim glaubte, dass sie längst verschollen wären. Nun bin ich dabei, sie abzuschreiben. Ich hoffe, ich finde noch mehr von den alten Philosophen. Was nutzen ihre weisen Schriften in versteckten Akten und staubigen Archiven? Die Urenkel müssen die Schätze der Alten vor dem Vergessen bewahren!«

»Und ich notiere die Ereignisse der Gegenwart«, erwidert Peter, »ich protokolliere alle Gespräche und Verhandlungen, soweit es mir möglich ist, die mit dem Prozess zu tun haben, sämtliche Korrespondenzen und Stellungnahmen sammle ich. Seine visionären Gedanken für gerechte Gesellschaft dürfen nicht verloren gehen. Ich will in seinem Sinne weiterarbeiten, als Aufklärer, Priester, Dozent, als Schriftsteller und Zeitzeuge. Es liegt nun mal in der Natur der Sache, dass die Jugend die Errungenschaften der Alten infrage stellt und für die Gegenwart und Zukunft neu ausrichtet.«

»Auf die gegenseitige Wertschätzung von Jung und Alt! Ich hoffe, irgendwann können wir weiter disputieren. Herr Kollege, verehrtes Fräulein«, sagt Bracciolini sich vor Mila verbeugend. »Habe die Ehre! Ich muss weiter.«

Mila beißt in ein Dünnele, das sie in der Zwischenzeit gekauft hat, und reicht Peter ein Stück. »Mila, danke, entschuldigt, ich habe Euch warten lassen.«

»Ist schon recht.«

»Mila«, fragt Peter, »was wünscht Ihr Euch von der Zukunft?«

»Lasst uns zum Seeufer gehen! An einem ruhigen Ort können wir über Zukunftsträume reden …«

Juni 1415 · Das Verhör

Mädchen zupfen fröhlich Gänseblümchen und Vergissmeinnicht, ein galanter Ritter spielt seiner Angebeteten ein Liebeslied, der wilde Flieder blüht, Waschfrauen stehen mit gerafften Röcken und bloßen Füßen schrubbend am Steg, im Schilf versteckt versorgt ein Gänsepaar die frisch geschlüpfte Brut. Marek, Mila und Magda haben fürs Erste alle Brote und Brezeln verkauft und hocken am Bootssteg.

»Habt ihr gehört, dass Johannes XXIII. verhaftet wurde?«, ruft Peter, als er die Freunde am Hafen entdeckt. »In den Kleidern eines Reitknechts steckte er …«

»Woher weißt du das?«

»Chlum und Dauba haben es erzählt, als sie erneut beim König protestierten. Und wisst ihr, welchen Kerkernachbarn er haben soll?«

»Etwa seinen ärgsten Widersacher?«

»Neben Hus! Genau. Jedoch streng voneinander abgeriegelt. Der Vogt des Königs, Kurfürst Ludwig Pfalzgraf von Rhein, hat ihn unlängst in Freiburg verhaften können, der Herr Konzilsprotektor, zuständig für den Schutz und die Sicherheit des Konzils. Der hat sich damit sicher einen hohen Titel verdient!«, berichtet Peter. »Es heißt sogar schon, er soll Lehnsherr der Mark Brandenburg werden und die sandige Mark im Nordosten um Berlin und Cölln ein Kurfürstentum.«

In all das bekommt Hus kaum einen Einblick.

Sigismund hat eine Anhörung beim Konzil durchgesetzt. Er lässt den kranken geschundenen Gefangenen in das Kloster der Franziskaner nach Konstanz überführen, lässt ihn aufpäppeln und frisch einkleiden.

Im Refektorium des Klosters wird die Anklage verlesen. »Ich kann nicht widerrufen!«, erklärt Hus. »Ich will Euch erklären …«, doch weiter kommt er nicht. Seine Rede wird von schreienden, drohenden Gegnern übertönt, die ihn ausbuhen wie den gegnerischen Ritter eines Turniers: »Widerrufe!«, »Du verstockter Ketzer!«

Johann von Chlum, Wenzel von Dauba, Peter Mladoniowitz und Marek stehen fassungslos hinter den Säulen des Franziskanerklosters. Mila und Magda kauern vor dem Eingangsportal hinter einer Steinskulptur und versuchen zu verstehen, was bei der Anhörung besprochen wird.

Hauptankläger des Prozesses sind der Bischof von Lodi, Giacomo Arrigoni und die beiden einflussreichen Kardinäle Pierre d'Ailly und

Guillaume Fillastre, ein ehemaliger Kanzler der Pariser Universität Sorbonne und ein Jurist.

»Wie kannst du dir ein Urteil über uns anmaßen?«, fragt einer der Ankläger scharf, dessen Zorn und glühende Wangen ebenso leuchten wie das Gewand, das er trägt. »Über dich selbst wird ein Urteil ergehen, wenn du weiter an deinen Thesen hängst und das heilige Konzil verhöhnst! ...« Peter notiert die ungeheuren Vorwürfe und plumpen Verleugnungen.

»Verschwindet! Das hier ist kein öffentliches Schauspiel!«, fordern zwei bischöfliche Wachsoldaten und treiben die Freunde auseinander.
Chlum, Dauba und Peter beklagen sich energisch beim König.
»Gut, bei der nächsten Anhörung lasse ich euch als Gäste zu!«, verspricht er.

Zu beiden Seiten des umgebauten Kirchenschiffes im Konstanzer Münsters sitzen die Konzilsteilnehmer auf gezimmerten Podesten, König Sigismunds Thron steht vor dem Tagmessaltar, der leere Stuhl des Papstes vor dem Lettner-Altar, in der Mitte des Raumes hängt die Rednerkanzel. In den großen gemeinsamen Konzilssitzungen werden die Ausschussberichte angehört, Debatten über die festgelegten Themen geführt und Verordnungen und Gesetze erlassen, die Kirche und Politik betreffen.

Hus wird in das Konstanzer Münster geführt.
Doch auch in der zweiten Anhörung werfen die führenden Akteure des Konzils Jan Hus Lehrsätze vor, die er nie vertrat. Die Teilnehmer raunen.
»Hört mich an, ich bin freiwillig zum Konzil gekommen, niemand hätte mich dazu zwingen können.«
»Das ist wahr!« pflichtet Chlum bei. »Er hat sich nicht seiner Verantwortung entzogen. Ich bin zwar nur ein kleiner Ritter, doch ich hätte alles gegeben, Meister Hus daheim auf meiner Burg zu verteidigen!«
»Seht! Das ist einer von denen, die er in Böhmen mit dieser Pest angesteckt hat!«, eifert d'Ailly.
»Überzeugt mich mit der Heiligen Schrift, dann will ich meine Schuld einsehen!«, bemüht sich Hus, die gefährliche Beschuldigung zu widerlegen.
»Was erkühnst du dich, mit uns disputieren zu wollen?«
Und ein anderer schreit: »Nicht einen Funken Demut hast du!«

Besorgt flüstert Chlum zu Dauba: »Die werden ihn zu Tode hetzen wie einen Hirsch.«
»Ja, ich fürchte, es sind wirklich zu viele Hunde!«, entgegnet Dauba bitter. Sigismund steht auf und versucht, Ruhe in das aufgebrachte Durcheinander zu bringen. »Jan Hus, ich gab Euch den Geleitbrief, um Euch eine sichere Reise zu gewährleisten. Vor einer Verurteilung schützt der allerdings nicht. Ich habe diese Anhörung für Euch erwirkt, doch wie dankt Ihr es? Seid vernünftig und widerruft. Wollt Ihr klüger sein als alle Kirchenväter zusammen?«
»Das weiß ich zu schätzen«, antwortet Hus gelassen, »doch kann ich widerrufen, was ich nie gelehrt habe?«
Der Kardinal zieht einen weiteren Punkt aus dem Anklagekatalog:
»Du hast von der Notwendigkeit gepredigt, den Priestern Einkünfte und Güter zu nehmen.«
»Das kann ich mit der Schrift erklären ...«
Doch wieder schreien die Kleriker empört auf und ihr ohrenbetäubender Lärm schrillt durch die Münsterhalle.
»Du sagtest, es ist falsch, der Obrigkeit blinden Gehorsam zu leisten?«
»Genau! Wo immer ein Herrscher Unrecht anordnet oder selbst in Sünde lebt ...«
»Auch nicht dem König?«, fragt der Kardinal lauernd.
»Auch nicht dem König!«
Sigismund schaut bitter, doch er kontert lässig: »Mein Sohn, wer lebt denn ohne Sünden?«, woraufhin ein hämisches Lachen aus sämtlichen Bankreihen dringt.
»Soll denn demnächst jeder einfache Schustergeselle entscheiden, was Recht ist?«
»Nicht der Schuster, sondern die Gebote aus der Heiligen Schrift. Und um sie zu verstehen, hat Gott uns den Verstand gegeben.«
»Das ist die pure Auflehnung gegen die Kirche, hört ihr?«, wettert der Kardinal. »Er spricht nicht vom Glauben, nicht vom Gehorsam, er fordert Verstand!«
Hus entgegnet: »Ihr habt kürzlich selbst den Papst in Fesseln gelegt, obwohl Ihr ihm vorher die Füße geküsst habt und ihn seine Heiligkeit genannt habt.«
»Das geht dich nichts an. Du bist nicht das Konzil! Das ganze Volk hast du mit diesen unerhörten Unterstellungen auf deine Seite gebracht!«
»Das war vielleicht meine größte Sünde!«, bedenkt Hus leise.
Sigismund droht: »Hus, seid Ihr weiterhin so verbissen, kann ich Euch nicht retten! Unterschreibt endlich, dass ihr Eurer Lehre ab-

schwört! Uns liegt ebenso viel daran, Einheit zu stiften!«, und er legt ihm einen besonders gut formulierten Widerruf vor.

»Nein!«

Der Kardinal droht: »Widerrufe und du kannst mit der Nachsicht des Konzils rechnen oder willst du als Ketzer auf dem Scheiterhaufen enden?«

»Auch wenn ihr mich zum Schweigen bringt, der Wille, wahrhaftig zu leben, wird bleiben! Veritas vincit!«

»Führt ihn fort!«, verfügt der Kardinal entschieden.

Und während alle Delegierten am Ende der Sitzung die Versammlungshalle im Münster verlassen, hört Chlum, wie Sigismund zum Kardinal sagt: »Wenn er nicht widerruft, verbrennt ihn! Ich würde sogar eher den Scheiterhaufen selber anzünden, als länger einen verstockten Ketzer zu verteidigen!«

»Sie haben Hieronymus in Hirschau gefangen! Sein Fluchtversuch misslang. Die Häscher haben ihn nach Konstanz gebracht und eingekerkert!«, berichtet Reinstein, der die schreckliche Nachricht vor dem Bischofspalast von einem Boten aufgeschnappt hat. Es sieht arg aus.

4. Juli 1414 · Die Schreibstube des Stadtchronisten

Mila sitzt niedergeschlagen am Seeufer vor dem Kloster und malt mit Tränen in ihr Tagebuch, während Marek im Geröll des Ufers flache Kiesel sucht, um seine Enttäuschung in den See zu kicken.

»Wir können doch nicht tatenlos herumsitzen. Wir müssen ihn befreien!«

Plötzlich knallt es und platscht und etwas fliegt in hohem Bogen über ihre Köpfe. »Autsch!«, schreit ein fein gekleideter Bub. »Schweinemist und Jauchedreck! Pfui Teufel! Warum gibt es die öffentlichen Schissgruben nur für Zweibeiner?«

»Nur ohne die gefräßigen Schweine würde noch mehr Unrat auf den Gassen liegen!«, entgegnet Mila und fragt, ob sie ihm ein Tuch geben soll.

»Danke, es geht schon!«, wehrt er ab und rappelt sich aus dem Kothaufen. »Meine Pergamentrolle?«, ruft er bange. »Ich muss die Rolle dem Onkel bringen.«

Marek fischt sie aus dem seichten Wasser.

»Ojemine! Das kostbare Schreibpapier! Völlig gewellt. Das ist hin!«

»Kannst du die Bögen wieder spannen lassen?«

»Das braucht Zeit – Aber was tut ihr hier? Ihr seid nicht aus Konstanz, oder?«, fragt der Junge und schaut neugierig auf Milas Papier. »Du zeichnest schön. Ich heiße Matthias. Mein Oheim, der Sohn des Stadtschreibers Richental, malt auch, er zeichnet und schreibt – er schreibt alles auf, was während des Konzils passiert, er notiert die Namen von den hohen Herren und deren Wappenzeichen und er führt Buch über Ausgaben und Verbrauch, über Lieferungen und Arbeitsleistungen, zählt Gäste und Beschäftigte … «

»Das ist ja interessant!«

»Das sage ich dir, wenn er nicht schreibt oder gerade mit seinen Illustratoren arbeitet, ist er ständig unterwegs, vor Ort, wie er immer sagt. Er schreibt über all das, was er selbst erlebt hat. Er sagt, dass er es nicht wagt, über einen Sachverhalt zu schreiben, wenn er nicht die ganze Wahrheit des Vorgangs ermitteln konnte.«

»Das ist sehr ehrenhaft!«

»Willst du ihn kennenlernen?«, fragt Matthias.

Mila überlegt. »Wenn mein Bruder auch mitkommen kann, dann schaue ich mir gern Meister Richentals Arbeit an!«, und hofft auf eine letzte kleine Chance. »Der Berichterstatter kennt viele einflussreiche Leute, den muss ich um Hilfe bitten«, denkt sie.

Zu dritt marschieren sie zur Schreibstube des Ulrich Richental.

Mila staunt über die vielen Bücher. »Und alle mit der Hand geschrieben!«, bewundert Marek.

Es riecht nach frischer Tinte und altem Leder.

Johannes Onkel sitzt am Schreibpult und zeigt sich nur wenig erfreut.

Mila erzählt ihre Sicht der Geschichte.

»Nein, leider, mein Kind, ich kenne keinen, der einem ungehorsamen Priester helfen wird. Gesetz ist Gesetz, ein Ketzer muss verurteilt werden. Noch kann dein mutiger Freund ja widerrufen.«

»Aber …!«

»Kein Aber. Ich bin Chronist, ich beobachte. Ein Berichterstatter mischt sich nicht in die Angelegenheiten ein. Ich beschreibe den Alltag der Konstanzer Bürger und versuche, über alle Ereignisse während dieser Versammlung zu berichten. Ich will sie Chronik des Konzils zu Konstanz nennen. Eines kann ich dir aber noch sagen: Übermorgen wird die 15. Konzilssessio tagen. Ich weiß, dass die hohen Herren in dieser Sitzung deinem Freund dringendst raten werden, von seinen Thesen abzuschwören.

Das Konzil hat nämlich schon zwei mögliche Urteile gebildet: Erstens, falls euer Hus widerruft, zeigt sich die Kirche gnädig und verwahrt ihn in einem Schwedischen Kloster. Falls er nicht widerruft, wird er aus dem geistlichen Stand ausgeschlossen und degradiert. Er wird seine Soutane ausziehen müssen, seine Tonsur wird zerschnitten, ihm wird eine Papiermütze aufgestülpt mit den Zeichen des Teufels. Dann wird er der weltlichen Gewalt übergeben und vor den Toren der Stadt mitsamt seinen kirchenfeindlichen Schriften als Erzketzer verbrannt. Nun verzeih, ich habe wenig Zeit. Ich muss weiter an meinen Aufzeichnungen arbeiten, um auf dem Laufenden zu bleiben.«

Mila taumelt mit tränenverschwommenem Blick durch die Gasse. Marek kocht vor Wut.

5. Juli 1415 · Der bittere Kelch

»Wir raten dir, schwöre ab von deinen kirchenfeindlichen Thesen!«, fordern die ungeduldig gewordenen Sitzungsteilnehmer eindringlich. »Seid doch nicht so stur!«

»Ich fürchte, die versammelten Herren lasen meine Bücher eifriger als die Bibel, um in meinen Schriften Irrlehren zu finden. Das erfüllt mich ein wenig mit Freude, aber auch mit Schmerz, denn die frohe Botschaft der Bibel, Gottes Barmherzigkeit, habt Ihr nicht verstanden!«

»Welche Anmaßung! Bringt ihn endlich zum Schweigen!«

Mehrere Vertreter des Konzils besuchen Jan Hus in seiner Zelle, selbst der Hauptankläger kommt persönlich, um den böhmischen Reformer zu überreden, doch Hus bleibt standhaft: »Ein Widerruf wäre Verrat an der Wahrheit und ein Verrat meiner Getreuen. Ich nehme den bitteren Kelch auf mich.«

Kardinal d'Ailly schlägt zornig die Gefängnistür hinter sich zu: »Übergebt diesen Starrsinnigen morgen dem weltlichen Gericht! Der König wird die letzte Entscheidung treffen.«

Im Haus der Frau Pfister sitzt Mila am Küchentisch. »Morgen früh führen sie ihn zum Richtplatz.« Tränen rinnen über ihre Wangen. Peter rückt an ihre Seite und legt tröstend seinen Arm um ihre Schulter. Bleich und erschüttert setzen sich Fida, Magda, Marek und Chlum zu ihnen auf die Bank. Dauba und Reinstein ziehen still zwei Stühle heran.

»Waren wir achtsam genug? – Warum gehen die Menschen nicht aufeinander zu? – Wir neiden und spotten, rächen und töten und gelangen bis nach Afrika, aber nicht über die Schwelle unseres Widersachers ...«

Im Kerker des Franziskanerklosters sitzt Jan Hus ergeben auf seinem Lager. »Morgen früh führen sie mich zum Richtplatz.«
Er rückt den Hocker zum Fensterspalt, das Tintenfass zum Federkiel. »Liebe, treue Freunde im Herrn«, schreibt er an seine böhmischen Getreuen. »Gott sei mit euch! Danken möchte ich euch, solange ich noch kann. Eure Briefe haben mich stets getröstet. Gott gab uns viel Zeit, damit wir uns besser an unsere Fehler erinnern und sie bereuen. Er gab uns Zeit, an ihn zu denken ...«

Im Torbogen der Bernauer Stadtmauer sitzen Max und Tom und Sadik und Emmi und Marie bangend unter der gewölbten Leinwand.
»Bis morgen früh kann noch viel passieren!«
»Wir können doch nicht tatenlos herumsitzen. Wir müssen ihn befreien!«
»Wie denn? Wie willst du denn den Ablauf der Geschichte ändern, das geht nicht!«
»Wir holen Jan Hus in unsere Zeit!«
»Quatsch! Das geht nicht!«

»Nimm den Schlüssel, Marie! Versuch es wenigstens! Wir stecken ihn gemeinsam in das Zellenschloss!«
Alle fünf Hände greifen zeitgleich den geschmiedeten Schlüssel ...

»Seid aufrichtig, Kinder, standhaft und weise!«, spricht eine ferne Stimme, »ich kann nicht mit euch kommen, Gott sei mit euch zu jeder Zeit, ich gehe meinen Weg, doch SEINE Worte werden bleiben ...«

Die schwere Leinwand unter dem geheimnisvollen Bogen ist verschwunden und Jetzt-Zeit-Marktgeräusche dringen in die Ohren der fünf Zeitreisenden.
»Krass, was hab ich geträumt?«, stutzt Sadik.
»Schade!«, bedauert Emmi. »Der Film ist aus!«
»Nein, die Zeitmaschine hat uns zurückgebeamt!«, behauptet Tom überzeugt.
»Aber das Ende der Geschichte haben wir verpasst!«, trauert Marie. »Ich will wissen, wie es weiterging!«
Max ist sich sicher: »Das kannst du dir doch denken!«

»Für unseren Bericht brauchen wir aber Gewissheit!«, entgegnet Marie.
Woraufhin Max meint, dass sie eben weiter forschen müssen.
»Wo denn?«, fragt Sadik.
»Hier, auf dem Hussitenfest, überall ...!
Uns bleiben noch eineinhalb Wochen ...«,

in denen die fünf Klassenkameraden fleißig recherchieren, sich umsehen, Leute befragen, Museen besuchen, Texte zusammentragen und schreiben.
»Ich war in der Stadtbibliothek«, berichtet Marie, als sie sich wieder treffen, »und habe Bücher ausgeliehen! ‚Hus in Konstanz‘, ein Buch von Milas Schwarm, von Peter Mladoniowitz mit seinen Berichten vom Konzil und gesammelten Texten von Hus. Der beschrieb genau, was uns fehlt! Das Ende! Soll ich lesen?«
»Ja, lies mal!«

»Auf dem Weg zum Richtplatz, den viele Neugierige säumten, kniete Hus nieder und betete laut: ›Herr Jesus Christus, diesen entsetz-

lichen, grausamen Tod will ich um deines Evangeliums und um der Predigt deiner Worte willen auf das Geduldigste und demütig ertragen.‹ Die Henker banden ihn mit schweren Ketten an einen Pfahl und schichteten mit Stroh vermischte Holzbündel bis an sein Kinn. ›Widerrufe und rette dein Leben!‹, forderte der Reichsmarschall ein letztes Mal. Doch der Magister sprach, dass ›Gott mein Zeuge sei, dass ich in allen meinen Predigten, Handlungen und Schriften einzig die Menschen von der Sünde abbringen wollte. In dieser evangelischen Wahrheit will ich heute gern sterben‹.

Da zündeten die Henker das Feuer an. Hus sang mit lauter Stimme: ›Christus, Sohn des lebendigen Gottes, erbarme dich meiner. Der du geboren bist aus Maria, der Jungfrau‹ – und der Wind schlug ihm die Flammen ins Gesicht und er verschied mit betenden Lippen im Herrn … Seine Asche wurde in einen Wagen geladen und im nahen Rhein versenkt, damit den Böhmen keine Reliquie, kein leibliches Erinnerungsstück blieb.«

»Und die Leute haben zugeschaut?«, fragt Sadik.

»Ja, das war ein Ereignis. Es gab eine Menge Gaffer, die dem schrecklichen Urteil erwartungsvoll zusahen. Ein altes Männlein stopfte sogar ein extra Büschel Reisig in den Brandhaufen und schimpfte, der Erzketzer möge endlich zur Hölle fahren. Im dicken Nachdruck der Konzilschronik vom Konstanzer Stadtschreiber Richental fand ich eine völlig andere Schilderung, nämlich dass der Erzketzer um Erbarmen flehte, jammerte und sich neben ihm ein Höllenloch auftat, das erbärmlich nach Eselkot stank …«

»Welchem Bericht soll man glauben?«, will Sadik wissen.

»Keine Ahnung. Jeder Mensch beurteilt ein Erlebnis aus seiner Sicht. Und im Lauf der Zeit verwischt es immer mehr«, meint Emmi Schulter zuckend.

»Das können die Historiker immer noch am besten beurteilen«, meint Marie, »die beschäftigen sich mit Originaltexten aus einer ganz bestimmten Epoche. Doch bitte wo sollen wir diese uralten Texte einsehen? Die werden wohlweislich gehütet wie ein Schatz!«

»Ich weiß, wo es einfach ist!«, hält Tom dagegen und schwärmt von der Web-Datenbank: »Das ist ein genialer Wissenstresor! Ich habe megaviele Links im Internet gefunden, Berichte, Zeitungsartikel, Bilder und sogar Filme. Hinweise auf eine enorme Zahl von Büchern, Wissenschaftliches von Historikern, Romane von Lyrikern, Denkmäler von Bildhauern, Musik- und Theaterstücke und Liedertexte. 125 000 Einträge zum Stichwort ,Jan Hus – böhmischer Reformator'! Auf den meisten Bildern haben die Künstler Hus auf dem Scheiterhaufen dargestellt, als Märtyrer. Dies Ereignis blieb hängen.«

Chronik des Konzils zu Konstanz, von Ulrich von Richental, Rosgartenmuseum Konstanz

»Na ja, Märtyrer, Held? Das war schon ein Nervenkitzel. Würdest du so tapfer und konsequent deine Ansicht vertreten, wenn alle gegen dich sind?«

»Neulich im Konfirmandenunterricht haben wir über alle möglichen Versuchungen und Widerstandsformen diskutiert«, berichtet Max. »Über gewaltfreie, militante und bewaffnete Widerstandskämpfer. Gewaltfrei geht! Guck dir Mahatma Gandhi an, Hans und Sophie Scholl, Martin Luther King und viele andere, die haben Zivilcourage bewiesen, und die Mauer in Berlin, die fiel durch den gewaltlosen Widerstand der Bürger.«
»Das kannst du nicht vergleichen, das war eine ganz andere Zeit!« meint Sadik.
»Und heute?«, fragt Marie. »Wie sieht es heute aus? n vielen Teilen der Welt herrscht Unrecht, doch es gedeiht auch stets Mut zum Widerstand. Trotzdem stehen wir immer wieder vor der schweren Entscheidung, ob man den Kampf gegen Unrecht und Terror mit Waffen unterstützen soll. Ein Dilemma! Aber wenn es Frieden, Güte und Eintracht gäbe unter den Menschen, gleiche Chancen, Bildung, Arbeit, Wohnraum, Nahrung und Liebe, dann müssten die Schwachen erst gar nicht rebellieren!«
»Wie war das mit den Fanatikern und der Luft zum Atmen?«
Eine tiefe nachdenkliche Pause tritt ein …

Die kleine Referatsvorbereitungsgruppe hatte beschlossen, am nächsten Tag weiter zu arbeiten. Treffpunkt beim König! Als Tom und Max die Richardstraße überqueren und in der Jan-Hus-Weg einbiegen wollen, stellen sie verblüfft fest, dass die Baustelle verschwunden ist! Dort, wo sich vor kurzem noch Sandberge und Pflastersteine türmten, steht jetzt eine Tischtennisplatte. Neben einer Boulespielfläche wachsen wieder kleine Sträucher. Und an den bunten Wänden hängen Schaukästen.
»Verflixt! Ich trau meinen Augen nicht. Der Weg ist fertig! Das ging ja wirklich mal fix!«, staunt Tom.
»Nee, nee. Wohlmöglich hat unsere Zeitreise Monate gedauert und wir waren so lange unterwegs!« zweifelt Max. »Den neuen Weg müssen wir sofort den anderen zeigen.«
Am Denkmal treffen sie Emmi, Marie und Sadik und alle tauschen ihre Informationen.
»Stellt euch vor, was ich im Fotoshop ausgedruckt habe! Die Urlaubsfotos meiner Tante! Sie wanderte durch Tschechien auf Spurensuche überall dort, wo Jan Hus einmal war«, strahlt Emmi.

»Wenn das kein Zufall ist!«
»Prima, die können wir als Anhang auf ein Plakat kleben!«
»Und wisst ihr, was ich im Rathaus entdeckt habe, als Vater ein neues Formular brauchte?«, fragt Sadik und zeigt einen bunten Flyer des Bezirksamtes. »Das Wappen von Neukölln!«
»Ja und? Jede Stadt hat ein Wappen!«
»Aber bestimmt keines mit einem Kelch!«
»Merkwürdig, obwohl ich es kenne, darüber habe ich mir nie Gedanken gemacht!«, sagt Tom verblüfft.
»So ist das nun mal mit unserer Wahrnehmung! Ziemlich oberflächlich.«

»Jetzt überlegt, welche Informationen wir für den Vortrag auswählen oder haben wir noch mehr auf Lager?«, meint Sadik ungeduldig.
»Passt auf, wir teilen die Arbeit!«, schlägt Max vor. »Emmi, du beschreibst die Lebensgeschichte von Jan Hus. Sadik, du übernimmst den Abschnitt über den Aufruhr in Prag und den Ausbruch der Hussitenkriege. Wenn Tom die Reformationsgeschichte bis zur Gegenwart beschreibt, können Marie und ich alle Bilder beschriften und auf Plakate kleben.«
»Gebongt!«
»Oh nein!« ruft Emmi. »Wisst ihr, was mir gerade wieder einfällt? Geschmann wollte Informationsblätter für alle Mitschüler!«
»Wer den Vorschlag bringt, der übernimmt!« zwinkert Max.
»Und die Seite über Hus aus der neuaufgelegten Konzilschronik von Richental sollten wir der Klasse unbedingt zeigen!«, findet Marie.
»Was? Das dicke Buch willst du in die Schule schleppen? Das wiegt doch bestimmt über drei Kilo!«, und alle schütteln staunend den Kopf.

Nach eineinhalb Wochen ist ihre Geschichte über den Hussitenkelch und den Kirchenkritiker Jan Hus fertig.
Leider streikt, kurz bevor sie das Referat halten sollen, Emmis Drucker, als sie die Handouts kopiert, so dass auf allen Seiten weiße Lücken klaffen.
»Kein Problem!«, tröstet Marie, als Emmi ihr am Telefon aufgeregt von dem Missgeschick berichtet. »Das Blatt wird zur Kopfnuss! Wenn unsere Klassenkameraden gut aufpassen, können sie selbst die Lücken füllen!«

Das Schulreferat

Die Schulglocke klingelt. Lehrer Geschmann betritt den Klassenraum, in dem seine Siebente versammelt ist.

»Heute hören wir den ersten Bericht von unserem Museumsbesuch. Marie, Emmi, Tom, Max und Sadik, habt ihr euch vorbereitet?«, fragt er gespannt.

Die fünf schauen sich an und recken ihre Arme in die Luft.

»Wir haben uns das Ölgemälde des Historienmalers Lessing ausgesucht und nach der Bedeutung des Kelches gesucht, den der Hussitenprediger in der Hand hält. Dabei sind wir auf den Reformator Jan Hus aus Böhmen gestoßen!

Wir haben uns gefragt, ob wirklich alle Hussiten, die nach dem Tod von Jan Hus für seine Reformideen weiterkämpften, fanatische gefürchtete grausame Krieger waren.

Und was das Freiheitssymbol der Hussiten mit dem Trinkgefäß zu tun hat, in dem der Abendmahlswein gereicht wird.«

»Na dann!«, ermuntert Lehrer Geschmann, »fangt mal an!«

Der Lebensweg von Jan Hus und die Geschichte des böhmischen Kelches

Um 1370 wurde Jan Hus als Sohn eines Fuhrmanns im südböhmischen Ort Husinec geboren. Hus wollte gern Priester werden. Als Mann der Kirche genoss man damals hohes Ansehen und konnte auch als nicht adelig Geborener Karriere machen. Als Lateinschüler ging Hus nach Prachatice, eine nahe Salzhandelsstadt, 1390 als Student nach Prag an die neue Karlsuniversität.

1396 erlangte er den Magistergrad und lehrte an der Universität. Nebenbei studierte er Theologie und als der Lehrmeister die Priesterweihe erhielt und begann, öffentlich zu predigen, fand er Gefallen an der seelsorgerischen Arbeit. Er kümmerte sich um die Nöte der Menschen, hörte zu und half.

Der junge katholische Priester wurde an die Bethlehemskapelle in Prag berufen, eine für damalige Zeiten sehr moderne Kirche. Die Pfarrer predigten nicht auf Latein, sondern in ihrer tschechischen Landessprache und forderten die Menschen auf, mit all ihren Sinnen dabei zu sein, mitzudenken, mitzureden und mitzusingen und mit Freude Gott zu loben.

In dieser Zeit verbreiteten Studenten die kirchenkritischen Lehren des Engländers John Wyclif, denn mit der Amtskirche gab es einige Probleme. Im Spätmittelalter war die römisch-katholische Kirche reich wie eine Schatzkammer, der Papst mächtig wie ein Konzernchef, die Kirchenregeln starr wie Eis. Jedermann, der es sich leisten wollte, Adlige, Kaufleute, selbst ehemalige Piraten, konnten einträgliche Kirchenämter kaufen, sodass es sogar so weit kam, dass drei Päpste gleichzeitig das höchste Kirchenamt innehatten und miteinander stritten. Europa war gespalten. Die einfachen Menschen im Volk verstanden kein Kirchenlatein. Doch sie hatten große Sorgen. Sie fürchteten den Untergang der Welt, eine erneute schreckliche Pestepidemie, die die Kirche als Strafe Gottes darstellte und sie bangten mit Schrecken um das Heil ihrer Seelen. So nutzten die Kirchenoberen das gewollte Unwissen der Gläubigen, mit immer mehr Macht, immer mehr Geld zu verdienen und allein alle Vorzüge zu genießen.

Hus erkannte den Betrug hinter den schönen Worten.

Durch Wyclifs Kritik sah er seine Gedanken bestätigt und war fest überzeugt: Allein, was die Bibel zum Glauben sagt, stimmt, und nicht das, was ein Papst anordnet, geschweige denn drei. Sein großes Vorbild war Jesus. Er forderte eine einfache rangfreie Kirche,

Gleichheit und Gerechtigkeit für die Gläubigen, woraus sich der Wunsch zum Abendmahl mit Brot und Wein entwickelte und der Kelch zum Freiheitssymbol. Von den Geistlichen erwartete er Anstand und ein vorbildliches Leben und im tagtäglichen Tun die Rückbesinnung auf die wahre Botschaft Jesu. Er predigte seine Erkenntnisse von beiden Kanzeln, denn Jan Hus wurde inzwischen zum Rektor der Karlsuniversität befördert. Und er begann, lateinische Bibelverse ins Tschechische zu übersetzen. Seine Landsleute sollten die Geschichten der Bibel verstehen.

Die kirchenkritische Bewegung wuchs. Er wurde ihr Wortführer. Die Leute verstanden seine aufschlussreichen Schilderungen, waren fasziniert von seinem fesselnden Redestil. Hus fand unzählige Zuhörer, Gleichgesinnte und Mitstreiter auch in der Familie des böhmischen Königs Wenzel, einem der Söhne Karl des IV., aber auch Feinde. Zwischen den verschiedenen Gruppen entstanden heftige Auseinandersetzungen.

Die Zahl der Gegner von Wyclifs Lehren und Hus wuchs. Papst Alexander V. verbot alle Volkspredigten in Böhmen und Mähren, bestellte ihn nach Rom, doch Hus beachtete weder den päpstlichen Erlass noch die Vorladung.

Der nachfolgende Papst Johannes XXIII. verhängte den Kirchenbann über ihn. Hus verlor seinen Posten an der Universität, doch er predigte unerschrocken weiter.

Wenig später sprach ein strenger, neu ernannter Erzbischof aus Prag den Kirchenbann über ihn, verfügte über Prag die komplette Sperre aller kirchlichen Handlungen und drohte der ganzen Stadt bei Zuwiderhandlungen mit Strafmaßnahmen. Hussens Gegner, die nun ängstlich um Posten, Leib und Leben und um ihren Besitz bangten, und fürchteten, nicht einmal mehr ihre Verstorbenen beerdigen zu dürfen, beschuldigten ihn, Unruhe zu stiften, beschimpften ihn als hartnäckigen »Irrlehrer« und »Ketzer«.

Der beim Volk und dem böhmischen Adel beliebte Kirchenkritiker, der nichts anderes wollte, als die mächtige römisch-katholische Kirche von innen zu erneuern, verließ 1412 seinen Wirkungsort Prag, zog als Wanderprediger aufs Land und fand Unterschlupf auf Burgen seiner Unterstützer. In der Provinz schrieb er sein bedeutendstes Werk, das Traktat über die Kirche, »Tractatus de ecclesia«, die Lehre von einer hierarchiefreien Kirchengemeinschaft allein unter dem Haupt Christus und nicht unter der Herrschaft eines Papstes.

Im Oktober 1414 reiste Hus auf Drängen des deutsch-ungarischen Königs Sigismund, dem Bruder des böhmischen Königs, mit etlichen Begleitern von Burg Krakovec in Mittelböhmen ins 600 km entfernte Konstanz am Bodensee, in der ein großer Kirchenkongress stattfand – das Konstanzer Konzil. Vertreter aus allen europäischen Herrscherhäusern, Universitäten und Kirchenbistümern trafen sich, um dringende Probleme zu lösen. Man wollte sich auf einen ordentlichen Papst einigen und Kirchenreformen voranbringen und der Konflikt in Böhmen sollte gelöst werden. Obwohl Jan Hus von König Sigismund freies Geleit zugesichert worden war, wurde seine Lage schwierig. Der gelehrte Magister dachte, er könnte mit den Kirchenvertretern reden und sie überzeugen. Doch die zahlreichen Gegner, die seine Forderung zur Umkehr ablehnten, hetzten auch in Konstanz gegen ihn.

Drei Wochen nach seiner Ankunft wurde er gefangengenommen und Konzilsvertreter versuchten immer wieder, ihn zum Widerruf seiner Aussagen zu zwingen, denn in ihren Augen gefährdete Hus den Einfluss und das Ansehen der Kirche. Es ärgerte sie auch, dass seine Nachfolger in Prag inzwischen den Laien, also den einfachen Leuten, beim Abendmahl den Kelch reichten. Hus blieb standhaft und verteidigte seine Erkenntnis über den ursprünglichen christlichen Leitgedanken, den wahren Kern der Kirche, wie ihn die Bibel beschreibt. Doch die Kirchengesetze des Mittelalters waren streng und so duldete die Amtskirche weder Kritiker noch Abweichler. Nach acht Monaten im Gefängnis wurde Jan Hus als Ketzer verurteilt, seiner Priesterwürde enthoben, indem man ihm das Priestergewand auszog, seine Frisur zerschnitt und eine Papiermütze mit aufgemalten Teufeln überstülpte, und am 6. Juli 1415 zusammen mit seinen Büchern auf dem Scheiterhaufen verbrannte.

Die Hussitenpredigt von Carl Friedrich Lessing, Staatliche Museen Berlin, Nationalgalerie

Der Ausbruch der Hussitenkriege

Das Konzil tagte noch drei Jahre lang bis April 1418. Auch Hus' Freund Hieronymus wurde auf dem Konzil als Ketzer verurteilt und verbrannt. Man dachte, die Ketzerfrage sei damit gelöst. 1417 wurde im umgebauten Konstanzer Kaufhaus ein neuer Papst gewählt, Martin V., doch Reformen innerhalb der Kirche wurden nicht durchgesetzt.

In Böhmen waren viele Menschen wütend und enttäuscht über den Schuldspruch. Die Stimmung war schlecht. Sie protestierten auf den Straßen. Über 450 Adlige schlossen ein Bündnis und sandten Protestschreiben an das Konzil, eine Freiheitsbewegung entstand, die Hussens Hauptanliegen übernahm. Die protestierenden Hussiten forderten Gerechtigkeit, nähten ihr Erkennungszeichen auf Kleider und Fahnen.

König Wenzel wütete und wollte die Rebellen aus allen Staats- und Kirchenämtern entfernen, doch die empörten Hussiten stürmten das Prager Rathaus und warfen einige Ratsherren aus dem Fenster. Als der Rasende kurze Zeit später plötzlich starb, sollte Wenzels Bruder Sigismund König werden, doch das Volk meuterte. Der Mann, der sein Wort gebrochen hatte, den Mord an Hus nicht verhindert hatte, sollte ihr König werden?

Der Aufstand weitete sich aus und die aufgebrachten Massen drangen mit Keulen und Schwertern in Kirchen und Klöster und zwangen die Geistlichen, ihnen endlich mehr Freiheit zu gewähren sowie endlich das Abendmahl mit dem Kelch für alle einzuführen, und wenn die Priester sich weigerten, plünderten, zerstörten und zündeten die Husanhänger die verhassten Kirchen und Klöster an, töteten ihre Gegner und ließen rauchende Ruinen und verbrannte Erde zurück.

Im Bild sehen wir, wie der kampfbereite hussitische Draufgänger triumphiert. Siegesgewiss und verwegen hebt der junge Anführer den prächtigen Kelch in die Höhe, um den soeben erbeuteten Kirchenschatz vorzuführen. »Seht her! Dafür kämpfen wir!«, predigt er zu den um ihn herum Versammelten. Vertreter aus allen Schichten und Ständen lauschen aufmerksam, Alte, Junge, Fürsten, Ritter, Bauern, hussitische Krieger, Männer wie Frauen und ein Kind, doch die Menschen schauen nachdenklich und fragend, blicken zurück auf das angerichtete Unheil oder beten.

Denn nicht alle Anhänger von Hus sahen in der gewaltsamen Auseinandersetzung die Lösung. Die Utraquisten oder Kalixtiner genannten Gemäßigten forderten die friedliche Einführung des Kelches (lateinisch ›calix‹, der Kelch; lateinisch ›utraque‹, auf beiden Seiten, also beides, Brot und Kelch) und fassten vier Hauptforderungen zusammen, die Prager Artikel:
Freiheit für die Predigt und den Laienkelch, Armut der Geistlichen und Bestrafung der Todsünden.

Das war den Radikalen zu wenig, sie wollten mehr. Sie taten sich zusammen und gründeten eine eigene Siedlung auf dem Berg Tábor, eine rundum befestigte Stadt, eine Glaubensfestung. Die Táboriten wollten von dort ein Reich Gottes errichten, notfalls mit Waffengewalt und sie kämpften für die Abschaffung aller kirchlichen Einrichtungen und Gebräuche und gegen das bestehende Herrschaftssystem. Sie verknüpften die kirchenreformatorischen Ziele von Jan Hus nun mit politischen Forderungen.

Die Anhänger von Jan Huss spalteten sich in verschiedene Gruppen, die sich wiederum auch gegenseitig bekämpften und auslöschten. Durch ihren festen Entschluss und den geschickten militärischen Einsatz ihrer befestigten Wagenburgen blieben die radikalen Táboriten lange Zeit unschlagbar. Gegen fünf große von Sigismund und Rom angeführten Kreuzzüge siegten die gefürchteten Hussiten unter Jan Žižka, später unter Prokop und Roháč, wobei sie Böhmen und Mähren verwüsteten, katholisch gesinnte Städte einnahmen und sie dem Erdboden gleichmachten. Später zogen die Hussiten auch zum Beschaffen von Lebensmitteln und Pferdefutter sowie zu Raubzügen in die angrenzenden Länder nach Schlesien, Polen, in die Lausitz bis nach Brandenburg und in die Oberpfalz.
Die Utraquisten, unter ihnen Peter von Mladoniowitz, Hussens Freund und Theologe, verhandelten mit den römisch-katholischen Herrschern und einigten sich während des nächsten Konzils in Basel Ende 1433 auf einen Kompromiss, die Basler Kompaktaten. Der Vertrag erlaubte das Kelchabendmahl und kleine kirchliche Freiheiten. Die radikalen Táboriten hingegen waren mit der Basler Einigung nicht einverstanden. In Lipány kam es zur entscheidenden Schlacht zwischen beiden hussitischen Glaubensrichtungen, in der diesmal die Utraquisten und ihre römisch-katholischen Verbündeten siegten. Das Ziel der Táboriten, eine neue Herrschaftsordnung zu schaffen, rückte in weite Ferne.

Jan Hus – Ketzer oder Held?

Im Gedächtnis der vom Krieg betroffenen Menschen und in historischen Erzählungen blieben die Hussiten die gefürchteten grausamen Krieger und Jan Hus der Bösewicht. Die Zugeständnisse gegenüber den Gemäßigten wurden im Lauf der Gegenreformation wieder zurückgenommen, Protestanten waren im Land der katholischen Machthaber unerwünscht.

Der Besitz von tschechischen Bibeln wurde verboten.

Wer konnte, floh außer Landes. Lange Zeit bewahrten nur die Reformationsbewegungen in den europäischen Nachbarländern die Erinnerung an ihren Vordenker, den böhmischen Kritiker Jan Hus. Erst im 18./19. Jahrhundert, in der Zeit der Aufklärung, wurde die freie Religionsausübung gestattet und man erinnerte sich gern an Hus zurück als einen bedeutenden Sohn des Volkes und ernannte ihn zu einem tapferen Vorbild.

In der ersten tschechischen Republik wurden die Worte des Jan Hus' »Die Wahrheit wird siegen« in das Staatswappen aufgenommen und der 6. Juli wurde zum Staatsfeiertag erklärt.

Für die einen blieb Jan Hus der Ketzer, für die anderen der Held.

Und in der heutigen Tschechischen Republik ist der Kelch das Kennzeichen jedes evangelischen Kirchengebäudes.

Lehrer Geschmann staunt nicht schlecht. »Das habt ihr ja so exakt geschildert, als wäret ihr dabei gewesen!«

Die fünf schmunzeln: »Das waren wir ja auch.«

»Und was meinen die anderen?« fragt er gespannt in die Runde.

»Könnt ihr aufzählen, welche Fragen oder strittigen Punkte oder Aufgaben sich aus der Geschichte ergeben?«

Und in der Klasse diskutieren die Schüler lebhaft über

- Zivilcourage, den Mut zum Widerstand und seine Konsequenzen;
- über die Freiheit selbst zu denken, zu reden, zu schreiben, zu zeichnen und zu lesen;
- über die Achtung und das Verständnis gegenüber Andersdenkenden;
- über das Idealbild einer gerechten Gesellschaft;
- wie die Menschen mit Andersgläubigen umgehen, damals wie heute;
- was der Begriff Wahrheit bedeutet, in welcher Situation, Lebenslage oder welchem Beruf auch immer;
- über die Vision einer Kirche, die für die Menschen da ist;
- welche Werte gelten und wie und warum sie sich auch wandeln;
- über Vorurteile, Ängste, Hass und Gewalt, über Leidenschaften;
- über die Bereitschaft, für Wahrheit und Gerechtigkeit einzutreten;
- über den Glauben, die Liebe und die Hoffnung …

»Was so ein Museumsbesuch doch bewirken kann«, stellt Lehrer Geschmann bewundernd fest, »beim nächsten Klassenausflug besichtigen wir das …«

»Nein, nein!«, rufen die Schüler abwehrend. »Wir surfen lieber …«

»Ich weiß, durchs Internet!«, lacht der Lehrer.

»Nein, Herr Geschmann, durch die Zeit!«

Arbeitsblatt J___ H___ (zum Kopieren)

Vervollständigt den Lückentext mit den fehlenden Buchstaben und Worten!

J_n H_s kam um das Jahr _____ auf die W_lt.

Sein Geburts_rt _____ liegt in _____ .

In der S_lzhandelsstadt _____ ging er zur L_teinsch_le.

J_n H_s st_dierte in _____ an der Karlsuniversit_t.

Nach seinem _____ studierte er The_logie.

H_s übernahm die Universit_tsleitung und wurde _____ .

Als Pr_ester predigte H_s in der Pr_ger _____ .

J_n H_s und seine M_tstreiter wollten die r_misch-_____ Kirche erneuern.

Sein V_rbild aus Engl_nd hieß John _____ .

H_s kritisierte heftig die _____ der Kirche, ihre Macht, ihren Reichtum.

Das Oberhaupt in der _____ sollte nicht der P_pst sein, sondern Chr_st_s.

J_n H_s fand viele Anhänger und wurde _____ einer Pr_testbewegung.

Amtskirche und P_pst schickten ihn in die Verb_nnung.

In der Provinz schrieb H_s sein wichtigstes B_ch -_____- Über die Kirche.

H_s pr_digte unter freiem _____ .

Der b_hmische Kirchenkritiker wurde zum K_nzil nach _____ vorgeladen.

Die große Kirchenvers_mmlung fand statt von _____ bis 1418.

H_s wollte auf dem K_nzil seine _____ vorstellen.

Die K_nzilsteilnehmer forderten jedoch seinen _____ .

Kaiser _____ versprach J_n H_s sicheres G_leit.

In Konst_nz wurde H_s in den _____ geworfen

Als K_tzer wurde er am _____ auf dem _____ verbr_nnt.

In Pr_g und B_hmen brachen schw_re Unruhen aus und schließlich die _____

J_n H_s' _____ nannten sich H_ssiten.

Das Freiheitss_mbol der H_ssiten ist der _____ .

1414, 1370, Prachatice, Husinec, Hussitenkriege, Scheiterhaufen, Rektor, Lehren und Ideen, Kirche, Verweltlichung, Magisterabschluss, Wyclif, Prag, 6. Juli 1415, Böhmen, Widerruf, Kelch, Anhänger, Ecclesia, Sigismund, Konstanz, katholische, Bethlehemskapelle, Sprecher, Himmel, Kerker.

Anhang

Eine bilderreiche Informationssammlung

Linkverweise, Fotos und Infos zum Weiterforschen

Husinetz – Husinec

Der Geburtsort von Jan Hus.

Weitere Informationen unter www.husinec.cz

Kirche und Jan-Hus-Denkmal

Hus-Museum / Geburtshaus

Flüsschen Blanice

Jan-Hus-Geburtshaus

Küche

Wohnstube

Prachatitz – Prachatice

Die Stadt, in der Jan Hus zur Lateinschule ging.

www.alte-salzstrasse.de · www.saeumer.de

Bauernstube

Säumer beim Salztransport

Lateinschule mit Kirche

Marktplatz mit Salzmuseum

Alte Lateinschule

Prag – Praha
Jan-Hus-Denkmal
Pomník Jana Husa

Das im Jugendstil geschaffene Jan-Hus-Denkmal am Altstädter Ring wurde zum Symbol der tschechischen Unabhängigkeit. Ladislav Šaloun gestaltete die Figurengruppe zum 500. Todestag des Reformators, die während des Ersten Weltkrieges aufgestellt und enthüllt wurde. Da Böhmen und Mähren noch bis 1918 zu Österreich-Ungarn gehörten und der katholische Kaiser sich weigerte, ein hussitisches Denkmal offiziell einzuweihen, schmückten es die Anwohner aus Protest mit Blumen: Eine massive Plattform, auf der Jan Hus groß und gebieterisch steht, auf der einen Seite lagern siegreiche, hussitische Soldaten, auf der anderen unterdrückte Protestanten, einer mit einem Kelch in der Hand, und hinter Hus die Figur einer jungen Mutter mit einem Säugling im Arm als Sinnbild für das neu erwachende Nationalgefühl. Eine Mariensäule, die zuvor auf dem Platz stand, ließen die Prager entfernen.

»Pravda Vítězí – Wahrheit behauptet sich« steht als Hus-Zitat auf dem Sockel. Nur im Protektorat, in der deutschen Besatzungszeit durch die Nationalsozialisten, verschwand dieser Spruch. Nach 1945 bewerteten die kommunistischen Machthaber die hussitischen Kämpfe wieder anders und stellten die Bewegung als wegweisenden Kampf für eine sozialistische Gesellschaftsordnung dar und priesen Jan Hus als bedeutenden Sozialrevolutionär. 1991, nach der samtenen Revolution, wählte Präsident Václav Havel für den Bannerspruch der neuen föderativen Republik aus Rücksicht auf den slowakischen Landesteil die alte Gelehrtensprache Latein: »Veritas vincit«.

Bethlehemskapelle – Betlémská kaple
Kirche St. Martin in der Mauer – Kostel sv. Martina ve zdi

Die heutige Bethlehemskapelle in Prag ist eine Rekonstruktion. Nach mehreren Besitzerwechseln – Utraquisten, Böhmische Brüder, Jesuiten, Universität und Kaiser – wurde das Haus des protestantischen Widerstands abgerissen, an stehengebliebene Wände baute man Wohnhäuser. Erst die Kommunisten errichteten das Gebäude nach 1948 anhand alter Bauzeichnungen neu, doch sie schufen keine Kirche, sondern ein nationales Kulturdenkmal, das heute als Aula für Veranstaltungen der Technischen Universität genutzt wird. Der große Hauptraum mit Stühlen, Bühne und Kanzel ist an den Wänden mit Buchmalereien und Textstellen hussitischer Lieder geschmückt. Eine Ausstellung im Obergeschoss erklärt die Geschichte der Kapelle und der böhmischen Reformation. Jährlich am 6. Juli findet hier mit Vertretern aller Konfessionen ein feierlicher Gedenkgottesdienst der Tschechischen hussitischen Kirche statt.

In der gotischen Kirche in der Altstadt von Prag, St. Martin in der Mauer, in der sich heute die deutschsprachige Gemeinde Prag der Evangelischen Kirche der Böhmischen Brüder trifft, wurde 1414 erstmals der Abendmahlskelch an Laien gereicht.

Georg von Podiebrad, der erste protestantische König von Böhmen (1458–1471), ließ einen goldenen Kelch mit dem Spruch »Veritas vincit« (die Wahrheit siegt) an der Teynkirche in Prag, der großen Stadtkirche am Altstädter Ring, anbringen.

Nach der verlorenen Schlacht am Weißen Berg 1620 zu Beginn des Dreißigjährigen Krieges und der Enthauptung von 27 führenden protestantischen Adligen vor dem gegenüberliegenden Rathaus wurde die Statue wieder entfernt, eingeschmolzen und durch ein Madonnen-Relief im Strahlenkranz ersetzt.

Die älteste Steinbrücke über der Moldau, zu der Kaiser Karl IV. im Jahr 1357 den Grundstein legte, gehört zu den meistbesuchten Sehenswürdigkeiten von Prag.

Auf den 16 Brückenpfeilern wurden nach und nach Statuen von Heiligen und Patronen meist im barocken Stil aufgestellt. Die bekannteste Skulptur zeigt den heiligen Johannes von Nepomuk, der hier vom eifersüchtigen König Wenzel ertränkt worden sein soll, da er ihm kein Beichtgeheimnis der Königin preisgab. Der böhmische Generalvikar Nepomuk, dargestellt mit fünf Sternen im Heiligenschein, wurde von den Klerikern und vom Volk als Märtyrer verehrt. Der große Kult um den Schutzpatron der Beichtväter, Priester und Schiffer sollte die Erinnerung an Jan Hus verdrängen.

Karlsuniversität Prag – Univerzita Karlova v Praze

www.prague.eu · www.aviewoncities.com

Die größte Universität Tschechiens mit siebzehn Fakultäten (Fachrichtungen) und mehr als 53.000 Studenten ist die älteste Gelehrtenschule (lateinisch: Universitas Carolina) im damals deutschsprachigen Raum.

Im Festsaal finden die Promotionsfeiern statt, zu denen das Kollegium nach wie vor in ehrwürdigen historischen Roben erscheint. Im Hof steht eine Statue von Jan Hus, der hier studierte, lehrte und die Universität für ein Jahr leitete.

Die 1919 gegründete tschechoslowakische evangelisch-theologische Hus-Fakultät wurde, nach Schließung und Teilung, 1990 als Evangelisch-theologische Fakultät an die Karlsuniversität angeschlossen, in denen die Studiengänge Theologie (für das Pfarramt) und Pastoral- und Sozialarbeit angeboten werden.

Konstanz
– Kostnice

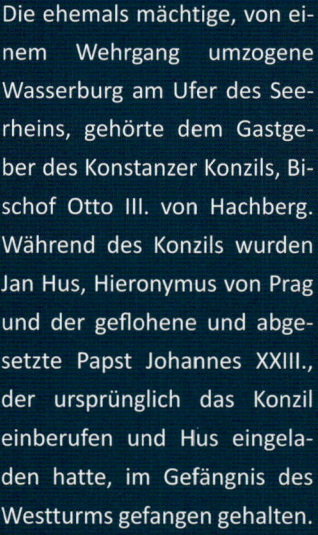

Konzilsgebäude am Hafen

Das Konzilsgebäude am Konstanzer Hafen wurde 1388 als Warenlager für reisende und ortsansässige Händler errichtet und diente viele Jahrhunderte als Umschlagplatz für Handelswaren. 1417 tagte hier das Konklave zur Wahl von Papst Martin V., weshalb die Konstanzer das Bauwerk einfach kurz »Konzil« nennen. Das massive Steinhaus mit drei Etagen und Walmdach ist das größte erhaltene mittelalterliche nichtkirchliche Gebäude in Süddeutschland und wird heute als Restaurant, Festsaal und Kongresszentrum genutzt.

Münster »Unserer Lieben Frau«

Das Konstanzer Münster, einst romanische Kathedrale der Bischöfe von Konstanz, heute katholische Pfarrkirche und Basilica minor mit Papstwappen über dem Portal, diente als Sitzungssaal während des Konzils von Konstanz. Die 1089 geweihte Kirche erhielt erst im 19. Jahrhundert ihre neugotische Turmspitze.

Dominikanerkloster

Das am Ufer des Bodensees auf einer Insel gelegene Kloster beherbergte nach seiner Schließung eine Färberei, später ein Bankhaus und heute ein Hotel. Während des Konzils wurde Jan Hus hier im Keller des Rundturms an der Seeseite gefangen gehalten. Der mittelalterliche Kreuzgang des Dominikanerklosters ist mit großformatigen Wandbildern bemalt, die Carl von Häberlin im Auftrag der Familie von Zeppelin gestaltete. In 26 Bildern werden in chronologischer Reihenfolge Motive der Inselgeschichte gezeigt: von den Pfahlbauten der Frühgeschichte, über Konzilsereignisse, prominente Besucher und Hus im Kerker bis zu den ersten Hotelgästen im 19. Jahrhundert.

Schloss Gottlieben

Die ehemals mächtige, von einem Wehrgang umzogene Wasserburg am Ufer des Seerheins, gehörte dem Gastgeber des Konstanzer Konzils, Bischof Otto III. von Hachberg. Während des Konzils wurden Jan Hus, Hieronymus von Prag und der geflohene und abgesetzte Papst Johannes XXIII., der ursprünglich das Konzil einberufen und Hus eingeladen hatte, im Gefängnis des Westturms gefangen gehalten.

Hus-Museum und Hussenstein

www.konstanz.de

600 Jahre Konstanzer Konzil

www.konstanzer-konzil.de

Hafen und Imperia

Die Erinnerung an Jan Hus, dessen Ideen zunächst wieder im 16. Jahrhundert während der deutschen Reformation aufgegriffen worden waren, verblasste, die mahnenden Worte des als »Erzketzer« verurteilten Kritikers wurden im Laufe der katholischen Gegenreformation fast gänzlich aus dem historischen Gedächtnis gestrichen, bis zur Zeit der Aufklärung. Zur Erinnerung brachte die Stadt Konstanz an einem Haus am Schnetztor eine Jan-Hus-Büste an, tschechische Vereine in Deutschland veranlassten das Aufhängen einer Gedenktafel am Hus-Haus und die St.-Pauls-Gasse wurde umbenannt in Hussenstraße. Der »Hussenstein« entwickelte sich zu einer Pilgerstätte, an der jährlich am 6. Juli eine große feierliche Gedenkveranstaltung stattfindet. Der 1862 im Stadtteil Paradies aufgestellte riesige Findling, genannt Hussenstein, erinnert an Hus und Hieronymus, die an diesem Ort, der zu Zeiten des Konzils noch vor den Stadttoren lag, hingerichtet wurden.

Im Hus-Haus, das seit 1923 der Prager Hus-Museum-Gesellschaft gehört, wurde 1965 eine Jan-Hus-Gedenkstätte und 1980 das Hus-Museum eingerichtet. Konstanz und Tábor verbindet eine Städtepartnerschaft. Ein vielseitig genutzter Treffpunkt ist das Deutsch-Tschechische Begegnungszentrum im Haus am Palmengarten. 2014 zum Auftakt des 600-jährigen Konzilsjubiläums wurden die Ausstellungsräume des Hus-Museums neu gestaltet und laden nicht nur zum Sich-Informieren, sondern auch zum Forschen und Mitmachen ein. Die Museumsleiterin Dr. Libuse Rösch nahm zur Geschichte des böhmischen Reformators einen kurzen Film für Kinder auf, der auf YouTube zu sehen ist.

Zwischen 2014–2018, im Rahmen der Jubiläumsfeierlichkeiten 600 Jahre Konstanzer Konzil, lädt die Konzilstadt erneut nach Konstanz ein. Unter dem Motto »Europa zu Gast« organisieren die Konstanzer verschiedenste kulturelle, wissenschaftliche und erlebnisorientierte Veranstaltungen und Projekte, die sich mit spannenden Thematiken und besonderen Persönlichkeiten des mittelalterlichen Kirchenkongresses beschäftigen. Jedem der fünf Jahre wurden ein Schwerpunktthema und eine historische Person zugeordnet. So steht König Sigismund für das »Jahr der europäischen Begegnungen«, Jan Hus 2015 für das »Jahr der Gerechtigkeit. Im »Jahr des lebendigen Mittelalters« steht die literarische Figur Imperia im Mittelpunkt. Papst Martin V. symbolisiert das »Jahr der Religionen« und letztlich steht Oswald von Wolkenstein, der Minnesänger für das »Jahr der Kultur.« Interessante Bezüge zur Gegenwart gibt es reichlich.

Die Böhmischen Brüder – Brüder-Unität – Jednota bratrská

www.herrnhuter.de/brueder-unitaet/
geschichte/alte-brueder-unitaet/jan-hus

DOMEK NA SBORU KUNVALD

Erstes Haus der Brüder-Unität in Kunvald

Statue Hus' Scheiterhaufen

Es gab Christen, die entsetzt waren von den Verwüstungen durch die Hussitenkriege aber auch enttäuscht von den Kompromissen der gemäßigten Utraquisten, die eine von Rom geduldete Landeskirche begründet hatten. Angeregt durch die Schriften des Theologen Peter Chelčický, der eine ideale friedliche Gesellschaftsordnung verkündete und Kriege entschieden ablehnte, sowie durch Bruder Gregor, einen reformfreudigen Klosterverwalter des Emmausklosters in Prag und Neffen des hussitischen Erzbischofs Jan Rokycana aus der Prager Teynkirche, gründeten diese Lebenssinnsucher »abseits der verdorbenen Städte« die »Gemeinschaft der Brüder des Testamentes Christi«. Sie ließen sich in Kunvald nieder, einer kleinen Siedlung im ostböhmischen Adlergebirge, lebten und arbeiteten mit- und füreinander im urchristlichen Sinne, verbunden in dem dreifachen Ideal von Glauben, Liebe und Hoffnung. Die Brüder gründeten neue Gemeinden und Schulen, verweigerten anfangs entschieden Handel, Kriegsdienst, Eid und die Übernahme öffentlicher Ämter, und die Gemeinschaft wuchs. Zehn Jahre später, 1467, gründeten ihre Mitglieder die Brüder-Unität, eine protestantische Kirche neben den beiden zugelassenen Kirchen, der römisch-katholischen wie der hussitischen. Die Brüder wählten eigene Bischöfe, die von waldensischen Geistlichen die Priesterweihe erhielten. Der tschechische Name für Brüder-Unität ist Jednota bratrská, der lateinische Name Unitas fratrum. Lange Zeit wurde die junge Kirche als Sekte verfolgt, selbst von der Landeskirche.

Die Böhmischen Brüder erlebten eine wechselvolle Geschichte, es gab Zeiten, in denen die protestantischen Kirchengemeinden verboten wurden und ihre Mitglieder in den Untergrund abtauchen mussten sowie Zeiten der Ausbreitung und ihrer offiziellen Anerkennung. Mit der Confessio Bohemica 1575 erfolgte ihre Aufnahme in eine einheitliche evangelische Kirche Böhmens und der Einzug der Brüder-Unität in die Prager Bethlehemskapelle, die zu ihrem Hauptsitz wurde. Im Dreißigjährigen Krieg zerschlugen die siegreichen österreichischen Habsburger diese älteste evangelische Konfession, die protestantische Gemeinschaft wurde ein Opfer der Gegenreformation. Ihr letzter Bischof, der bekannte Pädagoge und Philosoph Johann Amos Comenius (1592 – 1670), starb im Exil. Viele Brüder suchten nun jenseits der Grenze Zuflucht vor den ständigen Verfolgungen und der Unterdrückung ihres Glaubens. Nach einer weiteren Verfolgungswelle Anfang 1700 kamen etliche Glaubensflüchtlinge nach Sachsen auf die Güter des Grafen Zinzendorf und gründeten 1727 in Herrnhut die Erneuerte Brüder-Unität, die Herrnhuter Brüdergemeine, weltweit: Moravian Church.

Die Evangelische Brüder-Unität ist bis heute eine internationale, wenn auch kleine Kirche, deren Markenzeichen Vielfalt in Einfachheit ist, die utraquistisch verwurzelt und pietistisch geprägt ist. Viele Männer und Frauen zogen von Herrnhut als Arbeiter und Missionare in die Welt, um die gute Nachricht von Gottes Liebe zu leben und zu predigen.

Bibelübersetzungen und Liedersammlungen

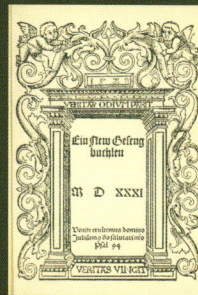

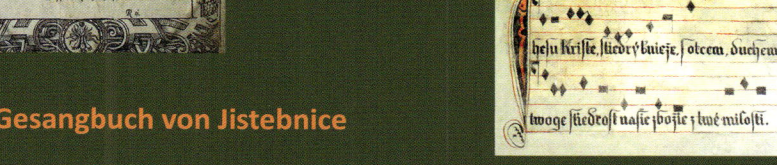

Das Gesangbuch von Jistebnice

… ist eine wertvolle Sammlung hussitischer Lieder mit Kirchenliedern der Prager Partei um Jan Želivský, Hussitenpriester und Anführer des ersten Prager Fenstersturzes und den Liedern der Taboriten und ihrem Mitbegründer Jan Čapek, der anregte, auch Kinder Lieder lernen zu lassen, ein Gesangbuch mit Friedens- und Kriegsliedern, Messliedern, Liedern über das Altarmysterium, Fest- und Feiertagsliedern in Tschechisch und Lateinisch und Liedern von Hus. Jan Hus hatte als erster Priester bewusst Lieder für das Volk verfasst, auch als Zusammenfassung seiner Predigten, und sie mit seiner Gemeinde in der Bethlehemskapelle gesungen. Er übersetzte alte Hymnen und schuf einfach zu singende, einstimmige Kirchenlieder. Allein die Gesänge der Hussiten sollen so manche Feinde in die Flucht getrieben haben.

1501 gab Brüder-Unitäts-Bischof Lukas von Prag das erste tschechische Gesangbuch mit 88 Liedern heraus, dem weitere Ausgaben folgten. 1531 gab Michael Weiße das erste deutsche Brüdergesangbuch heraus, 1561 erschien das böhmischen Kancional Samotulsky.

Im Evangelischen Kirchengesangbuch sowie im Gesangbuch der evangelischen Brüdergemeine von 2007 ist ein Lied des »Wegbereiters reformatorischer Strömungen in Böhmen« aufgeführt: Jan Hussens »Jesu, salvator optime« – »O lieber Herre Jesu Christ, der du unser Erlöser bist …«

Das Neue Testament auf Tschechisch – Die Kralitzer Bibel

1475 wurden Teile des Neuen Testaments erstmals auf Tschechisch gedruckt. Die klassische tschechische Bibelübersetzung jedoch, die Kralitzer Bibel, die in sechs Teilen

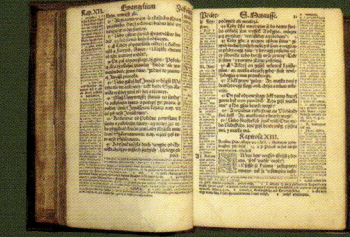

herausgegeben wurde, druckten die Böhmischen Brüder zwischen 1579 und 1594. Die Formierung (Ordnung) und Entwicklung der tschechischen Standardsprache wurde von der starken literarischen Ausdrucksform der Kralitzer Bibel und ihrer Grammatik wesentlich beeinflusst.

Übersetzer des Alten und Teilen des Neuen Testaments war Jan Blahoslav, ein Zeitgenosse Luthers, engagierter Brüderbischof, Schriftsteller und Liederdichter aus Mähren. Johann von Žerotín stellte den Brüdern 1578 seine Feste Kralice als Versteck für die 1562 von Blahoslav gegründete geheime Brüderdruckerei zur Verfügung.

Martin Luther – der deutsche Reformator

www.luther.de · www.martinluther.de
www.reformationstag.de · www.luther2017.de

Mit Luthers Protest und seinem Thesenanschlag in Wittenberg im Jahr 1517 begann die deutsche Reformationsbewegung – im Jahr 2017 wird das 500-jährige Reformationsjubiläum gefeiert. Nachdem Luther Hussens Werke gelesen und übersetzt hatte, erkannte er überrascht: »Wir sind alle Hussiten, ohne es gewusst zu haben!« Der deutsche Kirchenkritiker übernahm zahlreiche Kritikpunkte und Vorschläge des böhmischen Reformators und entwickelte sie weiter. Luther wird oftmals mit einem Schwan verglichen, weil der böhmische Reformator einst sagte: »Ihr bratet jetzt ein Huss, das ist eine Gans, aber nach hundert Jahren wird ein Schwan aufstehen, der singen wird und nicht von euch gebraten wird!«

Das Neue Testament auf Deutsch – Die Lutherbibel

Der deutsche Reformator Martin Luther übersetzte das Neue Testament, das in Wittenberg gedruckt wurde und erstmalig im September 1522 in 300-facher Auflage erschien. Getarnt als Junker Jörg begann Luther auf der Wartburg mit der Bibelübersetzung, nachdem er auf dem Wormser Reichstag von 1521 gebannt und zum Vogelfreien verurteilt wurde. Auf dem Rückweg von seinem Freund, dem Kurfürsten Friedrich dem Weisen, zum Schein gefangen genommen, wurde ihm auf der Wartburg Zuflucht und Sicherheit gewährt.

Reformatoren-Denkmal in Worms

1868 wurde in Worms das neben Genf weltweit größte Reformatoren-Denkmal errichtet zur Erinnerung an Luthers Vorladung zum Reichstag, auf dem der Kaiser und die Kirche den Widerruf seiner kritischen Thesen erwarteten. Auf der Hauptplattform unter einem stehenden Luther sitzen die vorreformatorischen Kirchenkritiker Petrus Waldus, der Begründer der Waldenser-Gemeinden aus Südfrankreich; Girolamo Savonarola, ein italienischer Bußprediger; John Wyclif, der Engländer, und Jan Hus, die nicht so viel Glück hatten wie Luther. Die reformierten Kirchen berufen sich auf die Schweizer Reformatoren Ulrich Zwingli und Johannes Calvin, die lutherischen Kirchen auf Martin Luther, die hussitischen auf Jan Hus.

www.worms.de · www.waldenser.de

Böhmische Exulantengemeinden in Berlin

www.rixdorf.info · www.bethlehemsgemeinde.de
www.herrnhuter-in-berlin.de · www.museumimboehmischendorf.de

ehemalige Bethlehemskirche in Berlin Friedrichstadt

Glaubensflüchtlinge hielten den Namen der Bethlehemskapelle wach. Die Böhmen, die sich ab 1735 in der Berliner Friedrichstadt ansiedelten, benannten ihre neue, simultan, also gleichzeitig von Reformierten und Lutherischen genutzte Kirche an der Mauerstraße nach dem verschwundenen Prager Vorbild Bethlehemskirche. Heute erinnern ins Pflaster gelassene Steine an den Grundriss der im Krieg zerbombten Kirche.

1737 gestattete der preußische König Friedrich Wilhelm I. die Ansiedlung böhmischer Exulanten in Rixdorf, schenkte ihnen ein kleines Gehöft und ein Stück Land und gewährte den vertriebenen Protestanten Steuer- und Religionsfreiheit, ebenso wenig später Friedrich II., der in Potsdam-Babelsberg die Errichtung des Weberviertels Nowawes befahl, um mit den neuen Siedlern das durch Kriege und Pest gebeutelte Land neu zu bevölkern.

Bethlehemskirche Rixdorf

Die Böhmisch-Lutherische Kirchengemeinde von Neukölln erhielt 1912 die Dorfkirche von Rixdorf und gab ihr den Namen Bethlehemskirche.

Bethlehemsgemeinde Neukölln

Und schließlich heißt die Neuköllner evangelisch-reformierte Gemeinde in der Richardstraße 97 auch Bethlehemsgemeinde.

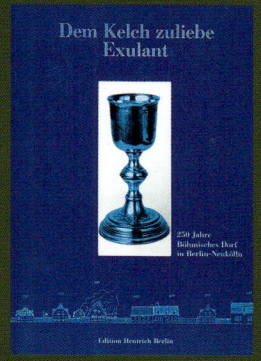

Zusammen mit der Herrnhuter Brüdergemeine Berlin-Neukölln, an deren Kirchensaal ebenso wie an ihrem alten Schulhaus in der Kirchgasse 5 Kelchreliefs die hussitischen Wurzeln zeigen, nutzen die drei böhmischen Gemeinden gemeinsam den böhmischen Gottesacker in der Kirchhofstraße, an dessen Friedhofsmauern noch Grabsteine mit tschechischen Inschriften zu finden sind.

Weitere Spuren in Neukölln

www.comenius-garten.de

Der böhmische Brüder-Bischof und Pädagoge Johann Amos Comenius beschrieb in seiner Pampaedia, der Allerziehung, den Lebensweg des Menschen. Eine Gartenanlage in der Richardstraße im »Böhmischen Dorf« spiegelt seine philosophische Beschreibung. Mit der Stiftung des Comenius-Denkmals für den Comenius-Garten, das Parlamentspräsident Alexander Dubček 1992 enthüllte, bedankte sich die damalige Tschechische und Slowakische Föderative Republik für die Aufnahme der Böhmen im 18. Jahrhundert.

oben: Details aus dem Böhmischen Dorf
Mitte: Eingang zum Gottesacker
unten: Kolonistenhäuser der böhmischen Exulanten

oben: Kirchgasse in der Weihnachtszeit
unten: Comenius-Garten

Mitte:
oben: Böhmisches Dorf – Ostermorgen auf der Kirchgasse
Mitte: Graffiti Hertzbergstraße
unten: Jan-Hus-Weg

Am Verbindungsweg Gerlachsheimer Weg / Kirchgasse / Jan-Hus-Weg / Ecke Richardstraße entstand eine zum Verweilen einladende Grünfläche.

Kirchen mit hussitischen Wurzeln in der Tschechischen Republik

www.jednotabratrska.cz (auch in Deutsch und Englisch) · **www.e-cirkev.cz/de** · **www.ccsh.cz**

Die Brüder-Unität in der Tschechischen Republik – Jednota bratrská

Die tschechische Brüder-Unität und ihre erste Gemeinde Potštejn / Pottenstein wurden mit Unterstützung von Herrnhuter Missionaren in Tschechien, im »Land der Väter«, 1872 neu gegründet.

Heute treffen sich tschechische »Geschwister« in den brüderischen Gemeinden Jablonec nad Nisou, Koberovy, Potštejn, Prag, Rovensko pod Troskami, Tanvald, Turnov, Ujkovice und Železný Brod, nachdem in den 1990er Jahren eine charismatische Bewegung viele Gemeinden teilte.

Die Evangelische Kirche der Böhmischen Brüder – Českobrátrské církev evángelické

Die Evangelische Kirche der Böhmischen Brüder bildete sich im Dezember 1918 nur wenige Wochen nach Gründung der Ersten Tschechoslowakischen Republik und der Unabhängigkeit von Wien. Die reformierten und lutherischen tschechischen Gemeinden in Böhmen und Mähren vereinigten sich. Ihre historischen Wurzeln aber liegen in der unterdrückten Kirche der Böhmischen Brüder, die auch nach dem Toleranzpatent von 1781 verboten blieb, einem Vertrag, der damals nur reformierte und lutherische Gemeinden im Habsburgerreich legalisierte, das heißt amtlich anerkannte.

Ihr Zeichen ist der Kelch, der Sbor der Versammlungsraum der Gemeinde, die Losung »víra, láska, naděje« – Glaube, Liebe, Hoffnung.

Die Tschechoslowakische Hussitische Kirche – Církev československá husitská

Freiheitlich denkende tschechische und slowakische Geistliche gründeten 1890 die Priestervereinigung Jednota (Einheit) und setzten sich für eine moderne, demokratische katholische Kirche ein. Sie forderten die Einführung der Volkssprache in der Messe, die Abschaffung des Pflichtzölibats und die Annäherung an die orthodoxe Kirche. 1920 trennte sich die Bewegung von der katholischen Kirche und begründete die neuhussitische Kirche, die durch die Abspaltung vom Papsttum mit der anglikanischen Kirche in England vergleichbar ist. Ihre Pfarrerinnen und Pfarrer tragen einen schwarzen Talar mit einem roten Kelch. Die barocke St.-Nikolaus-Kirche am Altstädter Ring hinter dem Jan-Hus-Denkmal ist die Hauptkirche der Neuhussiten in der tschechischen Hauptstadt.

Aufeinander zugehen, miteinander reden, arbeiten und feiern

www.fondbudoucnosti.cz/de · www.hussitenstaedte.net · www.goldene-strasse.de
Tábor: www.taborcz.eu · Bernau: www.bernau-b-berlin.de · Bärnau: www.geschichtspark.de

Stellungnahme der katholischen Kirche

Lange verhandelten Theologen und Geschichtsforscher aus der Tschechischen Republik mit Vertretern der katholischen Kirche über eine Rehabilitation von Jan Hus, eine Wiedergutmachung. Auf einem Historikerkongress im Jahr 2000 unternahm Papst Johannes Paul II. einen Schritt, um die Spaltung des tschechischen Volkes in Hus-Anhänger und Hus-Feinde zu überwinden. Als erster ranghöchster Kirchenvertreter bedauerte der polnische Papst »den grausamen Tod des Jan Hus, der eine Quelle von vielen Konflikten und der Spaltung des tschechischen Volkes war. Der böhmische Prediger verdient, als einer der aufgeklärtesten Prager Gelehrten und einer Persönlichkeit besonderen Ausmaßes, Bewunderung vor allem wegen seines moralischen Mutes im Angesicht des Todes«.

Deutsch-Tschechischer Zukunftsfonds

Der Deutsch-Tschechische Zukunftsfonds hilft, Brücken zu bauen zwischen Deutschen und Tschechen. Seit 1997 fördert er gezielt Projekte zum Beispiel im sozialen und bildungspolitischen Bereich, die die Menschen der beiden Nachbarländer zusammenführen und ihnen Einblicke in die Lebenswelten, die gemeinsame Kultur und Geschichte ermöglichen und vertiefen und nachhaltig in beiden Ländern wirken. Eines seiner unterstützten Projekte war auch der Husova pout – Der Hus-Pilgerweg von Krakovec bis Konstanz.

Die Vereinigung der Städte mit hussitischer Geschichte und Tradition

Die seit 1998 bestehende Vereinigung ist ein tschechisch-deutscher Städtebund, dessen Siedlungen im 15. Jahrhundert von den Hussitenkriegen betroffen waren und der die hussitische Tradition im Rahmen von kulturellen Veranstaltungen wie Volksfesten pflegt und lebendige Begegnungen untereinander fördert. Mitgliedsstädte sind Bärnau, Bernau bei Berlin, Borovany, Český Brod, Domažlice, Furth im Wald, Konstanz, Naumburg, Neumarkt in der Oberpfalz, Neunburg vorm Wald, Písek, Sedlčany, Sezimovo Ústí, Slaný, Stříbro, Tábor, Tachov, Žlutice.

Tábor

Bernau

Bärnau

Künstlerische Ausdrucksformen

www.Pavelkoutsky.cz · www.albatrosmedia.cz

Durch die Jahrhunderte beschäftigten sich neben den Historikern auch viele Autoren, Bildhauer, Komponisten und Maler mit dem böhmischen Reformator, hier eine Auswahl von Zeichnern aus jüngster Zeit:

Geschichtenanimator

Pavel Koutský, ein tschechischer Künstler, Regisseur und Animator schuf unlängst u. a. für die Dokumentationsserie »Dějiny ›udatného‹ národu českého« kurze Zeichentrickfilme zu den einzelnen Abschnitten und wichtigsten geschichtlichen Ereignissen des tschechischen Volkes, die bei YouTube zu sehen sind und mit seinem Film »Husiti« eine Animationskomödie, in dem zwei Wirrköpfe ungewollt den Lauf der hussitischen Geschichte mächtig auf den Kopf stellen.

Cartoonmaler

Im tschechischen Albatros-Verlag erschien 2012 der Karikaturenband »Husité« von Klára Smolíková und Honza Smolík, mit Geschichten von einer Traumstadt wie Tábor, dem Klerus und den Seelen, Místr Jan Superstar, den Schlachten der Hussiten und Abenteuern des Jan Žižka, dem Wunsch, Brüder zu sein, von König Podiebrad, dem Reformator Chelčický, der Brüder-Unität mit Comenius und schließlich auch von Palacký, der alle Geschichten des tschechischen Volkes sammelte, um keine zu vergessen. Für Kinder zeigt das Hussitenmuseum von Tábor über seine sämtlichen Ausstellungsräume verteilt XL-Husité-Buchseiten in Augenhöhe.

Geschichtensprayer

www.eminhasirci.com

Graffiti fürs Konziljubiläum – unter der Konstanzer Rheinbrücke in der Radwegunterführung leuchten auf 30 Metern Länge fünf Figuren um die Wette, geschaffen von Profi-Sprayer und Illustrator Emin Hasirci aus Konstanz. Er malte moderne Darstellungen der fünf Köpfe, die in den kommenden Konziljubiläumsjahren im Mittelpunkt stehen. So thront König Sigismund neben der Europaflagge, die zum Wahrzeichen der Stadt gewordene Imperia reckt sich in bekannter Pose, Papst Martin V. zeigt lässig das Peace-Zeichen und Oswald von Wolkenstein klimpert bei Kerzenlicht auf seiner Laute.

Und welche passenden Attribute und Symbole fügte der Künstler dem Magister Hus zu, der im Jahr der Gerechtigkeit besonders gewürdigt wird?

Die Hus-Pilgerwanderung – Husova pout

Informationen über erlebte und geplante Touren:
www.husovapout.cz · Krakovec: www.hrad-krakovec.cz

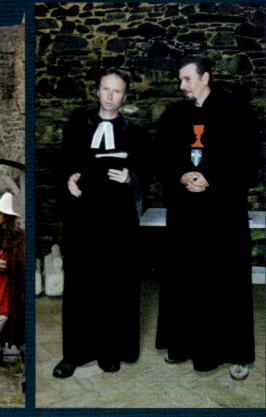

Zur Hus-Pilgerwanderung auf der »Route der Toleranz« von Krakovec über Bärnau, Nürnberg und Ulm bis Konstanz laden die Organisatoren aus Český Brod, Petr Brozek und Bernau, Bernd Eccarius für 2015 bereits zum siebenten Mal ein: »Vydejte se s námi! Již na sedmou Husovu pouť, tentokráte vedoucí z hradu Krakovce do Kostnice. Přidat se můžete také jen na libovolný úsek trasy a to buď v civilním oblečení nebo v dobových kostýmech.«

»Kommen Sie mit uns!
Bereits in der siebten Hus-Wallfahrt, dieses Mal von der Burg Krakovec bis zum Ziel nach Konstanz. Ob in Zivil oder in historischen Kostümen, ob Sie nur an Teilstrecken teilnehmen, an Tagestouren oder allen vier Etappen, willkommen im Zug der Wanderer auf eindrucksvollen Spuren des Jan Hus.«

Tachov ▶

Bärnau ▶

Weiden ▶

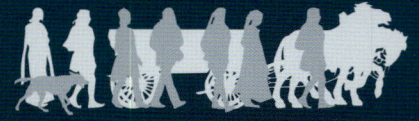

Kohlberg ▶

Sulzbach-Rosenberg ▶

Lauf an der Pegnitz ▶

Die Hus-Pilgerwanderung – Husova pout

Nürnberg ▶

Gunzenhausen ▶

Nördlingen ▶

Ulm ▶

Giengen ▶

Biberach »Zum Lamm« ▶

Ravensburg ▶

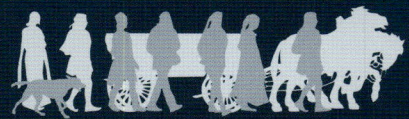

Meersburg ▶

Konstanz ▶

Begriffserklärungen

Ablass	Straferlass, Begnadigung
Artistische Fakultät	Teil der Universität im Mittelalter, an der grundlegendes Wissen vermittelt wurde
Baccalaurus	Student mit elementarem Abschluss
Böhmisches Landrecht	bis 1621 höchstes Gericht (Zivil- und Strafrecht) im Königreich Böhmen
Diakritische Zeichen	Zusatzzeichen über lateinischen Buchstaben zur Aussprache und Betonung
Disputation	Erörterung, Besprechung, Darlegung
Fibel	Gewandnadel, Klammer
fiktiv	erdacht, dazu gedichtet
fouragieren	Lebensmittel- und Futterbeschaffung für die Soldatentruppe
geißeln	sich selbst anklagen, auspeitschen
Gleismühl	erste deutsche Papiermühle, 1389 erbaut vom Nürnberger Geschäftsmann Ulman Stromer
Hadern	Lumpen
Häretiker	Abweichler einer allgemein als gültig erklärten Meinung oder Verhaltensnorm
Hure	Prostituierte
Inquisition	mittelalterliche kirchliche Gerichtsverfahren und Maßnahmen gegen Häretiker
Jesuiten	Mitglieder der katholischen Ordensgemeinschaft der Gesellschaft Jesu, (nach 1534), die sich verpflichteten, dem Papst besonderen Gehorsam zu leisten
Jurisprudenz	Wissenschaft vom Recht
Kalebasse	flaschenhalsförmiger Kürbis, Gefäß zum Transport von Wasser
Kantor	Chorleiter, Kirchenmusiker
Ketzer	Abweichler, nach dem Namen der mittelalterlichen kirchenkritischen Bewegung der Katharer
kombinieren	zusammenfügen, verbinden
Kommunion	Spenden und Empfang der Gaben von Brot und Wein
Konkubine	Mätresse, Geliebte

Konzil	Sitzung, Konferenz, Kongress, Synode
Litanei	Wechselgebet, endlose Aufzählung
Magister	Lehrmeister, Doktorgrad
Magister Artium	Lehrer/Meister der freien Künste
Actu Regens	mit genereller Lehrbefugnis
Marketender	ist jemand, der militärische Truppen begleitet, verpflegt und medizinisch versorgt
Meile	Längenmaß im Mittelalter, 6 bayrische Meilen = ein Tagesritt = 45 km
Pelerine	Schulterumhang, Regenmantel
Pergament	bearbeitete Tierhaut, Beschreibmaterial
Refektorium	Schreibstube eines Klosters
Revolution	Aufstand, Erhebung, Umsturz, Wende
Schisma	Kirchenspaltung
Scholar	Schüler
Sessio	Sitzung, Session
simultan	gleichzeitig
These	Aussage, Überzeugung, Lehre
Traktat	schriftliche Darlegung
Tugend	Moral, sittliche Grundhaltung

Die sieben Tugenden:

humilitas	Demut
caritas	Mildtätigkeit
castitas	Keuschheit
patientia	Geduld
temperantia	Mäßigung
humanitas	Wohlwollen
industria	Fleiß

Verbannung	Ausweisung, Ausschließung, Exil
Weiße Rose	Widerstandskreis im Dritten Reich um Geschwister Sophie und Hans Scholl, die ihre Jugend in Ulm verbrachten, die 1943 Flugblätter gegen den Krieg und die Diktatur Adolf Hitlers verbreiteten und dafür bei der Gestapo verraten und hingerichtet wurden (siehe Milas Traum in Ulm)

Verwendete bzw. weiterführende Literatur und andere Quellen

Bücher:

Richental, Ulrich	Chronik des Konzils zu Konstanz – Faksimile der Konstanzer Handschrift
Kurz, Carl Heinz	Johan Hus – Ein Vorkämpfer der Reformation
Hickel, Helmut	Sammlung und Sendung – Die Brüdergemeine gestern und heute
Motel, Manfred	Das Böhmische Dorf in Berlin
Motel, Manfred	Dem Kelch zuliebe Exulant
Hilsch, Peter	Johannes Hus
Seibt, Ferdinand (Hrsg.)	Jan Hus
Friedenthal, Richard	Ketzer und Rebell
Krzenck, Thomas	Johannes Hus
Wöhrle, Oskar	Jan Hus – Der letzte Tag
Tannewitz, Hanns-Karl	Jan Hus – Redner-Rebell-Reformator
Kratochvíl, Miloš V.	Die Fackel
Kratochvíl, Miloš V. / **Vávra,** Otakar	Jan Hus – Filmlibretto
Schütz, Wilhelm W.	Vom freien Leben träumt Jan Hus
Lambert, Malcolm	Häresie im Mittelalter
Stökl, Günther (Hrsg.)	Hus in Konstanz – Der Bericht ces Peter von Mladoniowitz
Grundler, Franz / **Dorfner,** Dominik	Hussen – Hymnen – Helden – Mythen
Čornej, Petr / **Pokorný,** Jiří	Kurze Geschichte der Böhmischen Länder
Otter, Jiří	Durch Prag auf den Spuren der Böhmischen Reformation
Kalfus, Radim	Die Brüder-Unität in Bildern (1457–1957)
Tourn, Giorgio	Geschichte der Waldenser-Kirche
Schelle, Klaus	Das Konstanzer Konzil
Büttner, Ulrich / **Schwär,** Egon	Konstanzer Konzilsgeschichten

Wassermann, Sabine	Das Zeichen des Ketzers
Walser, Theresia / **Ott,** Karl-Heinz	Konstanz am Meer – Ein Himmelstheater
Küble, Monika / **Gerlach,** Henry	In Nomine Diaboli
Engelsing, Tobias / **Foege,** Lisa	Konstanz – Städtischer Alltag zur Zeit des Konzils
Sperk, Klaus	Eine Reise durch das Mittelalter
Lenk, Fabian	Gefahr am Ulmer Münster – Die Zeitdedektive
Lenk, Fabian	Entführung in Nürnberg – Die Zeitdedektive
Venzke, Andreas	Luther und die Macht des Wortes

Magazine / weitere Medien:

Damals – Das Magazin für Geschichte und Kultur 3/2006:
Jan Hus – Reformator und Nationalheld

Damals – Das Magazin für Geschichte und Kultur 2/2014:
Konstanzer Konzil – Ringen um die Einheit der Kirche

Geschichte. Menschen, Ereignisse und Epochen 4/2014:
Ketzer, Kaiser, Päpste – Das Konstanzer Konzil –
Die Wende im Mittelalter

Momente-Beiträge zur Landeskunde
von Baden-Württemberg 1/2014 – Konstanz 1414–1418

DVD-Alles für die Wahrheit – Jan Hus

Diverse Ausstellungskataloge (Prag, Konstanz, Berlin), Broschüren, Städteführer, Infoblätter, Reisetagebuchnotizen, Protokolle von Tagungen und Gemeintagen, Theatermanuskript von Johann Müller aus Kohlberg, Übersetzungen und Material von Milada und Lothar Hülsmann

Internet-Websites, YouTube